George Moerlein

Eine Reise um die Welt

George Moerlein

Eine Reise um die Welt

ISBN/EAN: 9783743478060

Hergestellt in Europa, USA, Kanada, Australien, Japan

Cover: Foto ©Andreas Hilbeck / pixelio.de

Weitere Bücher finden Sie auf **www.hansebooks.com**

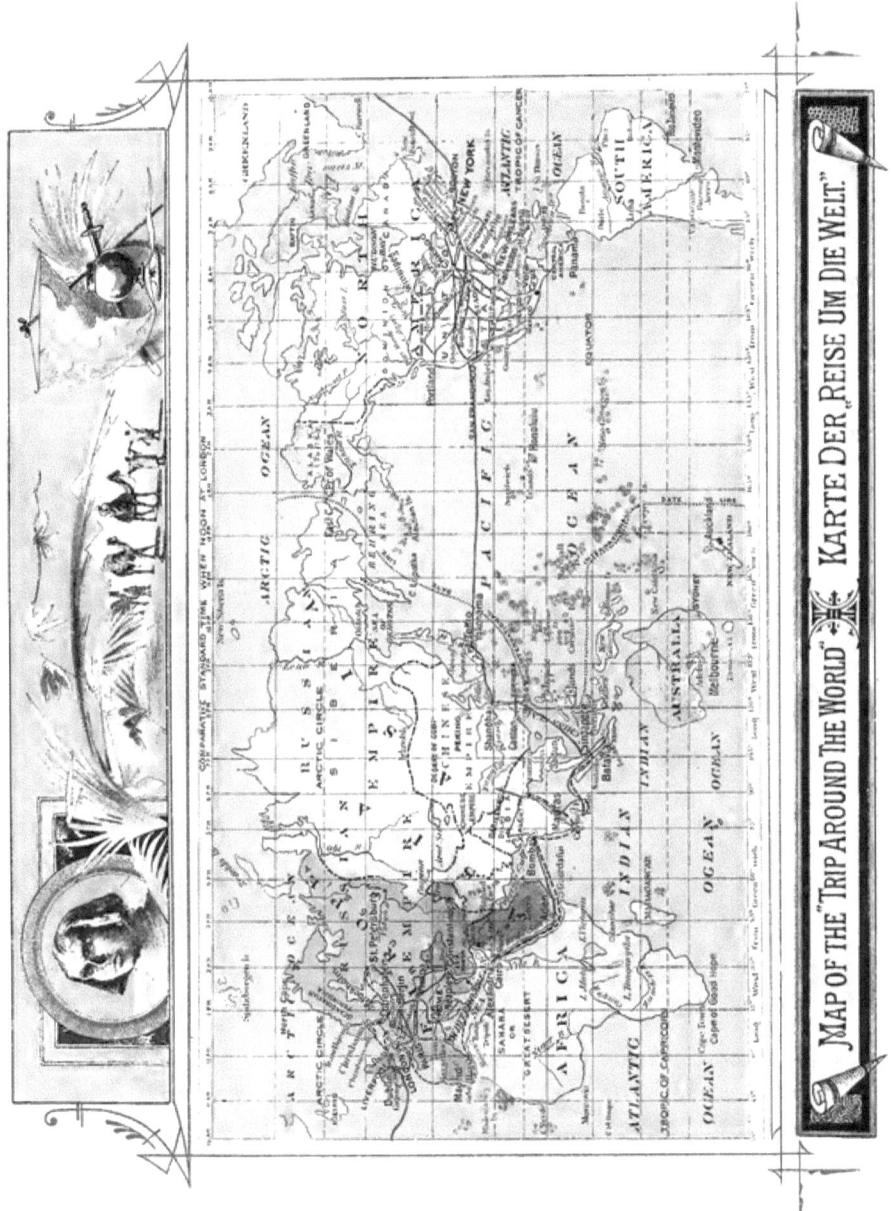

MAP OF THE "TRIP AROUND THE WORLD" — KARTE DER REISE UM DIE WELT.

Eine Reise um die Welt

von George Moerlein.

The Illustrations in This Book are Lithographed & Printed by The Krebs Litho. Co. Cin. O.

Published by M. & R. Burgheim. Cincinnati, Ohio.

Eine

Reise um die Welt.

Von

GEORGE MOERLEIN.

Mit 110 Illustrationen, in Oelfarbendruck.

Cincinnati:

Verlag von M. & R. Burgheim,

484 Vine Strasse.

New York: Leipzig (Deutschland):

The American News Company.   Bernhard Hermann.

Meinen teuren Eltern
in kindlicher Liebe gewidmet.

George Marlein.

Inhalts-Verzeichniss.

Vorwort.

An einem Sonntag-Nachmittage, im Spätherbst des Jahres 1884, war ich eifrig damit beschäftigt, in einem Atlas die verschiedenen Eisenbahn-Linien zu studiren, welche nach der Küste des stillen Oceans führen, da ich beabsichtigte, eine Reise dorthin zu unternehmen, theils um die Scenerien des vielgepriesenen Landes mit eigenen Augen zu bewundern, anderntheils aber zur Kräftigung meiner Gesundheit.

Inmitten dieses Studiums erwachte plötzlich der Gedanke in mir, dass sich jetzt die Gelegenheit für mich biete zur Erfüllung eines längst gehegten Wunsches, nämlich, eine Reise um die Welt zu machen.

Nach reiflicher Ueberlegung entschloss ich mich zu dem Wagniss, vorausgesetzt, dass meine Eltern ihre Einwilligung dazu geben würden und ich einen passenden Reisegefährten finden könne.

Noch an demselben Abend theilte ich meinen Entschluss einem Familienrathe mit. Anfangs wollte Niemand auf meine Vorschläge hören, und es gelang mir erst nach mehreren Tagen, Alle durch triftige Gründe davon zu überzeugen, dass eine solche Reise physisch und geistig von grossem Nutzen für mich sein würde.

Nachdem ich die gewünschte Einwilligung erhalten, brauchte ich nur kurze Zeit, um zwei meiner ältesten und liebsten Freunde, die Herren CHARLES CRAMER und JOHN F. LEIDLEIN, zu überreden, mich auf der beabsichtigten Reise zu begleiten. Wir machten uns sofort an's Werk, um die nothwendigen Vorbereitungen zu treffen, und schon am zehnten Tage, nachdem ich meinen Entschluss gefasst hatte, reisten wir ab, entschlossen, Alles zu sehen und soviele Erfahrungen zu sammeln als möglich.

Während unserer Abwesenheit veröffentlichten die " Commercial Gazette " und das " Volksblatt," zwei tägliche Zeitungen meiner Vaterstadt, Briefe, welche ich von Zeit zu Zeit auf der Reise geschrieben und in denen ich unsere Erlebnisse mittheilte. Da nach meiner Rückkehr in die Heimath eine grosse Anzahl von Freunden den

Wunsch aussprachen, die Reisebriefe, sowie eine eingehendere Beschreibung der von uns besuchten Länder, in passender Form zu besitzen, entschloss ich mich zur Herausgabe dieses Buches. Es war natürlich nothwendig, die ursprünglichen Berichte einigermassen zu ändern, weil sie durch eine Reihe von Begebenheiten, Zwischenfällen und Thatsachen, welche, als ich die Correspondenzen schrieb, nicht in dieselben aufgenommen werden konnten, vervollständigt werden mussten.

Ich habe mich fast ausschliesslich darauf beschränkt, die Länder des fernen Ostens zu beschreiben, weil wir dort am längsten verweilten und die beste Gelegenheit hatten, die vielen, uns neuen, Scenen und Sehenswürdigkeiten in Augenschein zu nehmen.

Indem ich das Werk der Oeffentlichkeit übergebe, bitte ich, dasselbe keiner zu scharfen Kritik zu unterziehen. Es soll lediglich eine einfache, getreue und unparteiische Darstellung alles Dessen sein, was wir sahen und erlebten, und keinen Anspruch auf Vollkommenheit erheben.

Die historischen und statistischen Angaben sind den zuverlässigsten Quellen entnommen.

Die Illustrationen wurden sorgfältig aus einer Kollektion von über 800 Original-Bildern, welche wir im Verlaufe unserer Reise sammelten, ausgewählt und sind naturgetreu colorirt.

Der Krebs Lithographing Company von Cincinnati schulde ich besonderen Dank für die ausserordentlich zufriedenstellende Ausführung der Farbendruck-Bilder. Dieselbe stellte die fähigsten Künstler für diese Arbeit an und sparte weder Mühe noch Kosten, um ihren Theil des Werkes in artistischer Weise herzustellen.

Meine Freunde und Reisegefährten leisteten mir werthvolle Dienste bei der Auswahl der Bilder und der Sammlung von Daten.

Dass dieses Werk für die Leser sich ebenso unterhaltend und Genuss gewährend erweisen möge, wie es die "REISE UM DIE WELT" für die Touristen war, ist der aufrichtige Wunsch des

Verfassers.

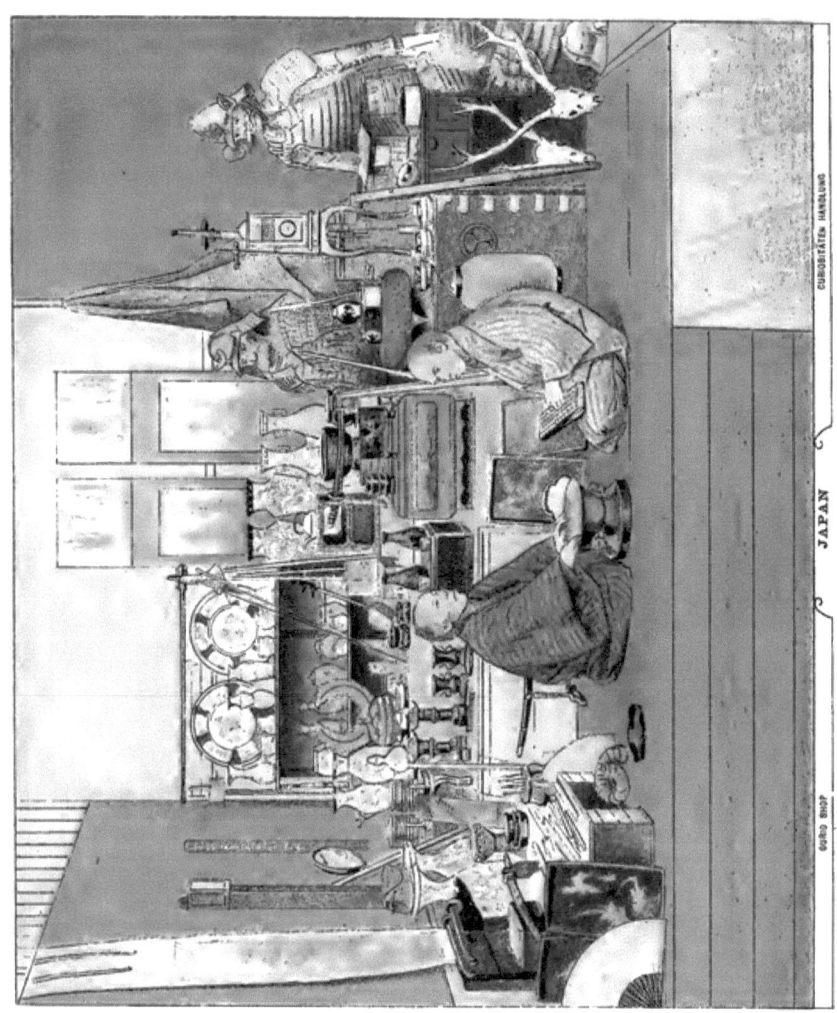

CURIO SHOP   JAPAN   CURIOSITÄTEN HANDLUNG

Erstes Kapitel.

Von Cincinnati nach San Francisco.

Von San Francisco nach Yokohama, Japan.

FISH MARKET   JAPAN   FISH MARKET

M Abend des 8. November 1884 war es, als wir uns in Begleitung einer Anzahl unserer intimsten Freunde auf dem Bahnhofe in Cincinnati befanden, fertig zur Abreise. Das übliche "glückliche Reise" und "fröhliches Wiedersehen" wurde ausgetauscht, und dann brauste der Zug der Ohio und Mississippi Bahn mit uns davon. Das war der Anfang unserer "Reise um die Welt." Wir plauderten nach der Abfahrt munter, denn Jeder wollte sich selbst und die Gefährten überreden, dass wir an keine Fährlichkeit dachten und nicht daran zweifelten, dass wir die Reise glücklich zurücklegen und sicher wieder heimkehren würden. Und doch konnte sich keiner von uns einer gewissen Bangigkeit erwehren. Wir wussten, dass die Reise nicht ohne Gefahren sein würde, aber wir versuchten alle derartigen Gedanken hinter einer äusserlichen Munterkeit zu verbergen. Bald wurden wir auch mit anderen Reisenden bekannt, die sich mit uns auf demselben Zuge befanden, und über der sich rasch entspinnenden Unterhaltung vergassen wir unsere Bangigkeit und dachten nur noch an die Anforderungen,

welche die Reise an uns stellte. Wir kamen uns vor wie Schul-
jungen, die nach unbekannten Regionen reisen, und der geneigte
Leser kann sich deshalb leicht einen Begriff von den bangen Zweifeln
machen, welche uns, wenn auch nur momentan, beschlichen.
Wir brauchten genau eine Woche, um San Francisco, die "Stadt
des Goldenen Horns," zu erreichen. Unsere Zeit war beschränkt,
aber wir nutzten sie auf's beste aus. In Kansas City, Denver und
der Mormonen Hauptstadt, Salt Lake City, hielten wir uns nur
kurze Zeit auf, hatten aber das Glück, überall Freunde zu finden,
die uns ohne Zeitverlust direct nach denjenigen Plätzen und
Sehenswürdigkeiten führten, die für den Fremden von Interesse,
oder von historischer Bedeutung sind. Die majestätische Schönheit des Felsengebirges und der Sierras — Schönheiten, die keine
Feder zu schildern im Stande ist — bewunderten und genossen
wir, während unser Zug über Berg und Thal donnernd dahin-
jagte und uns im Fluge durch Wälder, über scheinbar unergründ-
liche Abgründe und rauschende Waldströme führte. Es war in
der That ein nachhaltiger Eindruck, den diese grossartigen Natur-
schönheiten, trotz der Eile, mit der wir an ihnen vorüberflogen
und der beschränkten Aussicht, die wir von den Waggonfenstern
aus hatten, bei uns hinterliessen. Die Scenerie änderte sich, während das Dampfross uns mit Windeseile vorwärts führte, wie
in einem Panorama; so sehr wir auch oft wünschten, an dieser
oder jener Stelle zu rasten, um die Grossartigkeit der Landschaft
voll zu geniessen, es nützte nichts, denn "Vorwärts!" lautete das
Kommando und vorwärts ging es ohne Rast dahin nach San Francisco, von wo aus wir zur festgesetzten Stunde die grosse Reise
über die "wogenden Salzfluthen" antreten wollten.

In Denver wurden wir von alten Freunden, den Herren
Philipp Zang und Simon Richardt, in der Mormonen Hauptstadt
von Herrn Henry Wagner, gastfreundlich aufgenommen, fürstlich
bewirthet und unser kurzer Aufenthalt im höchsten Grade genuss-

TEA HOUSE   JAPAN   THEE HAUS

reich und unterhaltend gemacht. Andere Freunde, die Herren Herrmann Wieland und John F. G. Eggers, empfingen uns bei unserer Ankunft in San Francisco, und ihr Willkommen war so äusserst herzlich, dass wir vom ersten Augenblicke an wussten, dass unser Aufenthalt dort sich zu einem höchst befriedigenden gestalten würde. Unsere hochgespannten Erwartungen wurden indess noch bedeutend übertroffen, obgleich unser Aufenthalt in Californien kaum eine Woche dauerte. Das reiche, lustige und leichtlebige San Francisco macht auf den an ruhigere Lebensweise gewöhnten Fremden aus dem Osten einen durchaus fremdartigen, aber trotzdem angenehmen Eindruck; die drei Weltreisenden von Porkopolis waren Anfangs einigermassen geblendet von dem neuen Leben, das sich vor ihnen aufthat. Neben den Ueberraschungen, welche die "Stadt des Goldenen Horns" uns bereitete, sahen wir aber auch in Californien Scenen, die nur von Solchen gewürdigt werden können, welche sie selbst persönlich erlebt haben. Ein Ausflug nach Los Angeles war ganz besonders genussreich und machte einen tiefen Eindruck auf uns. Durch Beschreibungen, welche wir gelesen und gehört hatten, waren unsere Erwartungen auf's höchste gespannt, aber wir fanden, dass nicht einmal die Hälfte von dem gesagt worden war, was wir in Wirklichkeit vorfanden. Dieses Land verdient die so häufig angewandten, allerdings überschwänglichen, Namen: "Land der Blumen," "Paradies," "Elysium." Ein ewiger Sommer, ein wunderbares, heilkräftiges Klima und eine Umgebung von unbeschreiblich grossartiger Schönheit machen Los Angeles zu einem Aufenthalte, den man nie im Leben wieder vergisst, wenn man einmal da gewesen ist. Wir waren einstimmig der Ansicht, dass es der schönste Flecken Erde sei, den wir jemals besucht hatten.

Am Samstag, den 22. November 1884, Nachmittags 3 Uhr, nahmen wir von unseren San Franciscoer Freunden Abschied und schifften uns auf dem prachtvollen Dampfer "Rio Janeiro," von

der Pacific Postdampfer-Linie, auf dem wir Passage nach Yokohama genommen hatten, ein. Wir reisten unter den verheissend-
sten Vorbedeutungen ab, denn wir hatten das denkbar schönste
Wetter, aber es stellte sich bald heraus, wie wenig man auf Anzeichen geben kann. Am Morgen nach unserer Abreise zeigte sich
der Himmel nämlich schon in ganz anderer Gestalt. Dahin war
sein klares Blau und seine leuchtende Sonne, die uns am Tage vorher so freundlich zugelächelt hatte; dahin die spiegelglatte See, die
der Dampfer so stolz durchfurchte! Graue Wolken hingen bleischwer
vom Himmel herab und hoch gingen die rollenden Wogen der
Salzfluth. Und von Stund' an sahen wir auf der ganzen Reise
keinen Sonnenstrahl mehr. Wir waren keine Günstlinge des Mee-
resgottes, denn unsere Reise war eine so unangenehme und stürmische, dass die Officiere des Schiffes sie für die schlimmste
erklärten, die sie je auf dem stillen Ocean mitgemacht hätten,
und einige von ihnen fuhren bereits seit 40 Jahren auf seinen
Gewässern. Am vierundzwanzigsten Tage unserer Reise erreichte
der Sturm seinen Höhepunkt. Vom frühen Morgen bis Mitternacht brauste ein Orkan über das Meer und wühlte seine Wellen thurmhoch auf, so dass das Schiff fortwährend wie in eine
Wasserdecke eingehüllt erschien. Das Wasser überfluthete das Deck,
drang in unsere Kojen und löschte selbst die Feuer in der Küche
aus. Wie ein Spielzeug wurde das mächtige Schiff von den wüthen-
den Wogen hin und her geworfen und die Passagiere, welche sich
unter Deck halten mussten, litten schrecklich; an ein Vorwärtskom-
men war nicht zu denken. Später sagte mir der Capitain, dass
wir sechs Stunden lang keine einzige Meile weiter gekommen
wären.

Man kann sich denken, dass keine rosige Stimmung an Bord
des Dampfers herrschte. Ein Scherzwort war ein seltener Artikel;
Gebetbücher, sowie "Joss-Sticks" (kleine Stücke von Sandelholz,
welche die Chinesen ihren Götzen als Opfer darbringen) waren

dagegen gesucht. Eine Missionärin, die in der Kajüte reiste, bestand darauf, dass es nicht die Geschicklichkeit von Menschen gewesen sei, welche das Schiff gerettet habe, sondern einzig und allein die göttliche Vorsehung. Sei dem nun wie ihm wolle, eines ist gewiss: es war ein Wunder, dass das Schiff nicht unterging, denn selten haben Seefahrer gegen eine so schreckliche und wüthende See zu kämpfen gehabt. Mit welcher Angst wohl die Actionäre der Pacific Mail Company auf Nachrichten von ihrem guten Schiff "Rio Janeiro" und seiner werthvollen Ladung gewartet haben!

Wie gerne hätten wir sie beruhigt, wenn wir nur im Stande gewesen wären, ihnen die Nachricht über unsere glückliche Ankunft in Yokohama zukommen zu lassen! Aber diese Freude war uns versagt, und wir konnten nichts thun, als uns geduldig in das Unvermeidliche zu fügen und der Dinge zu harren, die da kommen sollten.

Eines Tages, während ich in tiefem Nachdenken über unsere trostlose Lage in meiner Cajüte sass, erschien plötzlich mein Freund John in der Thüre. Er war ein Bild des Jammers, helles Elend drückte sich auf seinem Gesichte aus und liess mich fast fürchten, dass er sich am Rande der Verzweiflung befinde. In kläglichem Tone machte er mir folgende Mittheilung: "George, ich bin vollständig angeekelt von den Reizen einer Reise auf 'wogender See.' Gott bewahre mich davor, dass ich auf diese Weise von den Wogen in Schlaf gelullt werde. Ich wünschte es wäre vorüber!" Sprach's und verschwand wie ein Phantom, um wahrscheinlich einem anderen geduldigen Zuhörer dasselbe Klagelied vorzusingen. Armer John! Freund Charles leerte den bitteren Kelch ebenfalls bis auf die Neige. Am nämlichen Tage machte auch er unter heftigen Gestikulationen seinem übervollen Herzen durch folgende Worte Luft: "Also das ist der 'Pacific Ocean!' Bis jetzt habe ich immer geglaubt, dass das Wort "pacific" ruhig, friedliebend bedeutet, dass der stille Ocean also in Wahrheit ein ruhiges

und glattes Meer ist. Oh, welcher schmähliche Betrug! Welch'
ein Hohn! Welche Niederträchtigkeit! Die ganze See in wüthender Bewegung! Berghohe Wellen, die uns jeden Augenblick zu
zerstören drohen! Ist das der 'stille, ruhige' Ocean? Wann werden wir erlöst von diesem Uebel?"

Ich hatte nur einen tiefen Seufzer als Antwort. Charles aber
warf mir noch einen mitleidigen Blick zu und verschwand im Rauch-
zimmer, wo er bald allen irdischen Sorgen entrückt war, da ein
wohlthätiger Schlummer ihn umfing. Er schlief, und zu derselben
Zeit fand eine ernsthafte Berathung der Schiffsofficiere statt, wie
man die vollständige Erschöpfung des Kohlenvorrathes, der in
einigen Tagen zu Ende gehen musste, verhindern könnte.

Unsere Reisegefährten, die das Unglück hatten, mit uns
diese denkwürdige Seereise zu machen, bestanden aus noch fünf
Cajüten-Passagieren: vier Damen und einem Herrn. Die ersteren
waren sehr verschiedenen Alters. Die eine im Alter von etwa
fünfzig Jahren, die andere fünfzehn, die dritte zwanzig und die
letzte sechsundzwanzig Jahre alt. Ausser meinen beiden Freunden
und mir selbst reiste noch ein Herr in der Cajüte. Im Zwischen-
decke befanden sich über siebenhundert Chinesen, die wie Häringe
dort verpackt waren.

Diese Chinesen sind eine so schreckliche Menschenklasse,
wie man sie überhaupt finden kann. Ich machte ihnen in ihrem
Quartier einen Besuch, hatte aber genug davon. Die Meisten begaben sich nach China, um das Neujahr daselbst zu feiern, das in
der Mitte des Februar nach unserer Zeitrechnung dort abgehalten
wird. Man kann sich eine Vorstellung davon machen, wie fest
diese Chinesen an ihrer Religion hängen, wenn man erfährt, dass
Tausende derselben jedes Jahr nach China reisen, also etwa
6,000 Meilen zurücklegen, lediglich um die Feiertage in ihrem
Vaterlande zuzubringen und den Götzen, die sie selbst geschaffen,
ihre Verehrung darzubringen. Viele von den Chinesen an Bord

LADY ASLEEP   JAPAN   SCHLAFENDE FRAU

WEAVING SILK   JAPAN   SEIDENWEBEREI

unseres Dampfers waren ihrem Lebensende nahe und reisten heim, um in ihrem Vaterlande zu sterben. Es war ein trauriger Anblick. Einige waren ihren Leiden bereits erlegen. Die letzteren erfreuten das Herz des Schiffsarztes, der sie einbalsamirte und $12.50 Cts. per Stück erhielt. Die Chinesen dulden nämlich nicht, dass einer von ihnen nach seinem Tode in die See versenkt wird, denn es ist stets der letzte Wunsch eines jeden derselben in vaterländischer Erde bei seinen Vorfahren begraben zu werden. Wenn die Hinterlassenschaft des Todten nicht werthvoll genug ist, so wird von seinen Freunden eine Sammlung veranstaltet, um die Kosten der Einbalsamirung und der Versendung der Leiche nach China zu decken.

Der Doctor erwartete täglich das Hinscheiden mehrerer Todes-Candidaten und war in bester Laune, indem er eine reiche Ernte von den Chinesen, welche noch vor Ankunft des Schiffes im Hafen von Hong Kong sterben würden, einzuheimsen hoffte. Der würdige Herr hatte auch Absichten auf mich, wenigstens habe ich guten Grund, das anzunehmen, aber ich durchkreuzte seine Pläne, indem ich mich ganz positiv weigerte, mich von ihm behandeln zu lassen.

Unsere Missionärin war eine höchst interessante, stattliche und dabei gemüthliche Frau. Sie machte auf uns den Eindruck einer aufrichtig gläubigen, guten Christin, die es mit ihrem Beruf Ernst nahm. Sie hatte mit ihrem Gatten viele Jahre in China gewohnt, in welches Land sie von einer der Missions-Gesellschaften in den New England Staaten geschickt worden waren, um den Heiden des "Blumenreiches" das christliche Evangelium zu verkünden.

Shanghai war ihre Heimath, und aus ihren Reden zu schliessen, hatten sie und ihr Gatte nicht die Absicht, wieder nach den Vereinigten Staaten zurückzukehren.

"Wir haben viel im Leben durchgemacht und in den Tagen unserer Jugend in unserem Berufe mit Hilfe Gottes viele Gefahren überstanden. Aber jetzt gestaltet sich, Gott sei Dank, unser Schicksal günstiger und die Hoffnung, die wir stets gehegt, dass wir unseren Lebensabend in Ruhe und Behaglichkeit würden geniessen können, scheint jetzt in Erfüllung gehen zu sollen," sagte sie eines Abends und Thränen rollten ihr dabei über die Wangen. Sie war, seitdem sie in China stationirt worden war, dreimal in den Vereinigten Staaten gewesen und hatte zweimal die Reise um die Welt gemacht. Das erste Mal über Singapore, Ceylon, Suez, Malta, Gibraltar, Liverpool nach Amerika und zurück über San Francisco; das zweite Mal reiste sie gerade umgekehrt. Ihr Gatte hatte China nie verlassen, seitdem er dort vor vielen Jahren gelandet war, auch hatte er nie die geringste Sehnsucht empfunden, sein Geburtsland wiederzusehen.

Die Missions-Gesellschaft hatte ihm mehrere Male Urlaub angeboten und sich selbst erboten, seine Reisekosten zu bestreiten, er konnte aber nie dazu überredet werden, die Reise zu machen. Wir verlebten mit dieser Dame während der Reise viele angenehme Stunden, indem wir den lebhaften Schilderungen ihrer Erfahrungen lauschten und dadurch werthvolle Kenntnisse über die Sitten, Gewohnheiten und Eigenthümlichkeiten der Chinesen erlangten. Wir erhielten von der Dame auch Auskunft in Bezug auf Reisegelegenheiten in China und die besonders interessanten Sehenswürdigkeiten in Shanghai und dessen Umgegend.

Die jungen Damen an Bord wurden von Allen ihres bescheidenen und taktvollen Benehmens wegen geachtet und bewundert. Das Reiseziel der ältesten dieser jungen Damen war ebenfalls Shanghai, in China, wo sie sich dem Missions-Dienste widmen wollte. Sie hatte diesem Beruf ihr ganzes zukünftiges Leben geweiht und wollte ihre Fähigkeiten als Musiklehrerin fernerhin dazu verwenden, der chinesischen Jugend christliche Kirchenlieder beizubringen. Wir wünschten ihr Alle den besten Erfolg, konnten uns aber auch gleichzeitig eines Gefühles des Mitleides nicht erweh-

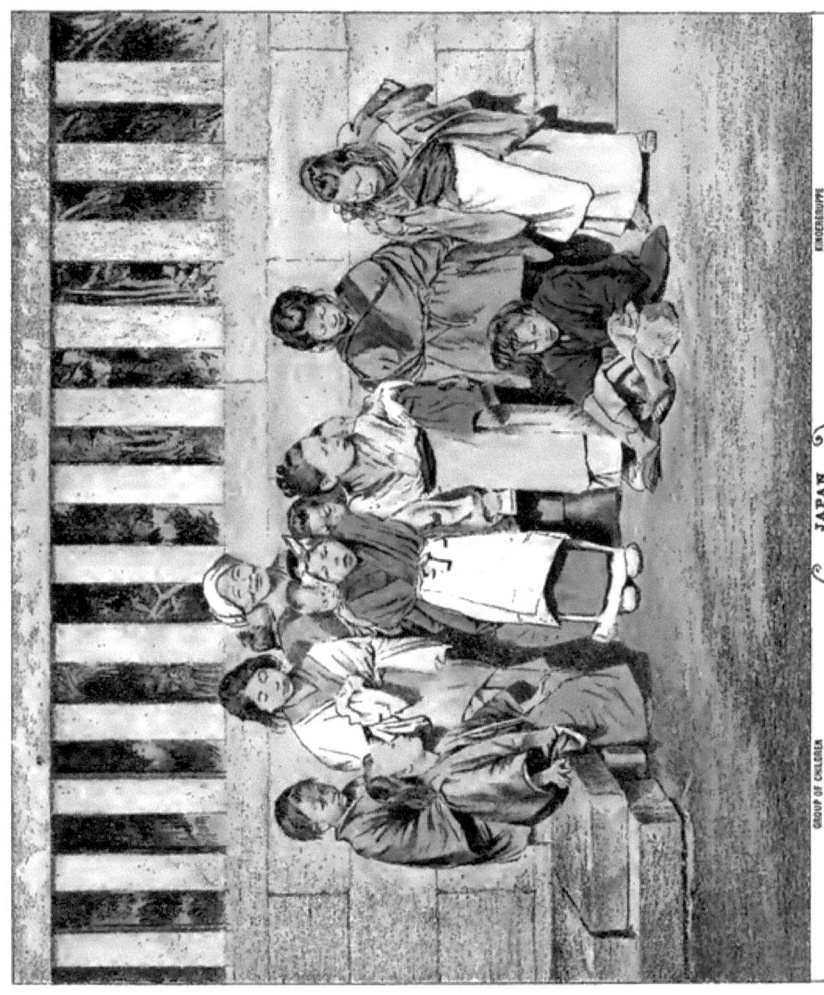

GROUP OF CHILDREN   JAPAN   KINDERGRUPPE

ren. Ich hörte, dass diese Dame in Pittsburg geboren sei. Die jüngste unserer Mitreisenden war die Tochter eines Missionärs, der in Amoy, China, stationirt war. Ihre Eltern lebten dort schon viele Jahre, sie aber war zur Erziehung nach den Vereinigten Staaten geschickt worden, hatte sich dort sechs Jahre aufgehalten und begab sich, nachdem ihre Ausbildung vollendet war, in ihre Heimath zurück. Die dritte junge Dame, von der wir sehr wenig sahen, da sie während des grössten Theiles unserer Reise in ihre Kabine gebannt war, hatte Yokohama zu ihrem Reiseziel erkoren. Sie sollte dort eine verantwortliche Stellung in einem grossen Geschäfte einnehmen.

Unser männlicher Mitreisender war Capitän Nelson von der Vereinigten Staaten Flotte. Er war abcommandirt, um sich beim Geschwader des Stillen Oceans zu einer dreijährigen Kreuzfahrt zu melden. Capitän Nelson war ein Reisegefährte, wie er im Buche steht. Wir verdanken ihm eine Masse höchst werthvoller Rathschläge und Anleitungen in Bezug auf unsere Reise durch China und Japan. Er war immer guter Laune, auch wenn die Aussichten noch so düster waren und es gab Niemanden an Bord, der zu irgend einer Zeit auch nur einen Anflug von Furcht, oder Angst bei ihm bemerkt hätte. Er und die Missionärin waren die einzigen Passagiere der ersten Cajüte, die regelmässig beim Klange der Glocke sich bei Tisch einfanden und mit bestem Appetite ihr Mahl verzehrten. Sie erschienen bei jeder Mahlzeit, klagten immer über schlechten Appetit, liessen aber, wie mir der Steward James nachher im Vertrauen mittheilte, nie einen Gang an sich vorübergehen, ohne ordentlich zuzugreifen.

Um wieder auf unsere Reise zurückzukommen, will ich sagen, dass wir an einem Sonntag Nachmittag um zwei Uhr, am neunundzwanzigsten Tage unserer Reise, durch die freudige Nachricht überrascht wurden, dass unsere lang gehegten Hoffnungen sich der Erfüllung nahten und wir innerhalb ganz kurzer Zeit

Japan erreicht haben würden. In nebelhaften Umrissen konnte man bereits in weiter Ferne das "gelobte Land" sehen. Bei dieser Nachricht stürzte Alles auf das Deck. Die höchste Aufregung hatte sich Aller bemächtigt und herrschte noch längere Zeit vor. Mit Aufwand aller unserer Sehkraft blickten wir nach Westen hin, wo in weiter, weiter Ferne am Horizont ein unbestimmtes, nebeliges Etwas zu sehen war, das sich beim schärferen Hinsehen, mit Hülfe der Ferngläser der Officiere, bald als schwacher Umriss der zackigen japanesischen Küste erwies.

"Wir werden noch vor Abend in Yokohama Anker werfen," sagte der Capitän, und wie dem durstigen und müden Wanderer in der Wüste die Verkündung, dass eine Oase in der Nähe sei, so glückverheissend erschien uns die Nachricht, und mit Inbrunst wünschten wir, dass sie sich erfüllen möge. Unsere Erfahrungen zur See waren in der That dazu angethan, selbst in der auf das Seeleben erpichtesten Theerjacke den Wunsch rege zu machen, wieder einmal Land zu sehen. Für die ausgezeichnete Behandlung auf dem Schiffe von Seiten der Officiere können wir kaum geeignete Worte finden, die unseren Dank vollständig auszudrücken vermögen. Capitän Cobb, Proviantmeister Freeman, der erste Steuermann Hart, Fracht-Clerk Donohue, Clerk Wells, Dr. Reardon, Ingenieur Herland, und ganz besonders Stewart James, Hülfs-Stewart Bede, sowie der Wächter Scott, thaten Alles was in ihren Kräften stand, um uns den Aufenthalt an Bord des Dampfers so angenehm als möglich zu machen. Sie wetteiferten mit einander um uns Gefälligkeiten zu erweisen und versagten uns Nichts, das auf dem Schiffe zu haben war. Mit einem Worte, wir schalteten und walteten während der ganzen Reise auf dem Dampfer, als ob er uns gehörte. Wir werden ihrer Freundlichkeit stets gedenken und hoffen, dass wir einst Gelegenheit finden, uns für die grosse Liebenswürdigkeit erkenntlich zeigen zu können.

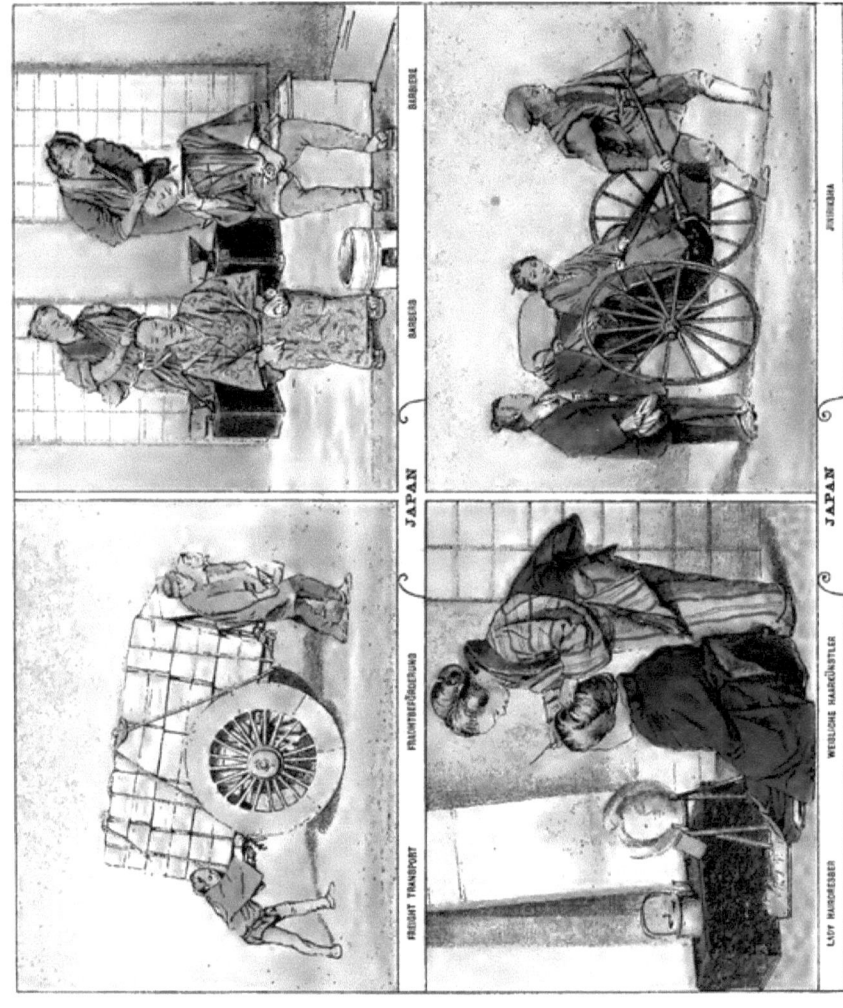

JAPAN

BARBERIN · BARBEDS · FRAUENTREPPORÄGERUND · FREIGHT TRANSPORT

JAPAN

JINRIKSHA · WEDDING HAARDÜNSTLER · LADY HAIRDRESSER

,

Zweites Kapitel

Das Leben in Yokohama (Japan) und der Umgegend.

ER Capitän hielt sein Wort und brachte uns noch an demselben Abend in den Hafen. Am Montag Abend, genau um acht Uhr, hörten die Maschinen auf zu arbeiten und der Anker wurde ausgeworfen. Die Lichter von Yokohama konnten gesehen und das Geräusch einer geschäftigen Stadt vernommen werden.

Die Stadt lag in Hörweite vor uns und wir brauchten wenig Phantasie, um uns bereits an's Land gesetzt zu denken. Das Gefühl der Erleichterung, das in uns aufstieg, als unser Dampfer gesichert vor Anker lag, ist kaum zu beschreiben. Alle Mühsale und Gefahren der Seereise waren vergessen und wir fingen bereits an, unsere stürmische Fahrt durch das stille Meer als ein interessantes Erlebniss zu betrachten. Eine halbe Stunde später, nachdem wir Anker geworfen hatten, legten bereits die Boote des Grand und des Windsor Hotels bei unserem Dampfer an, um uns an's Land zu bringen, aber trotz unserer Sehnsucht Festland unter unsere Füsse zu bekommen, war es uns nicht vergönnt, schon so bald zu landen, und wir mussten noch bis zum nächsten Morgen nach dem Frühstücke an Bord des Dampfers bleiben. Da das Zollhaus bereits geschlossen war, konnten wir natürlich am Abend unser Gepäck nicht mehr an's Land bringen und ohne dasselbe wollten wir den Dampfer nicht verlassen. Selbst in diesen letzten Stunden unseres Aufenthaltes an Bord des Dampfers wurden uns noch Freundlichkeiten erwiesen. Kaum hatte nämlich der Steward James gehört, dass wir noch bis zum nächsten Morgen an Bord bleiben würden, so schickte er seinen Gehülfen Bede an's Land und liess für unser Frühstück alle japanesischen Delikatessen der Saison besorgen.

"Ich will Ihnen ein Abschieds-Mahl bereiten," sagte er, "das eines Kaisers, Königs und Mikado's würdig sein und selbst einen Cincinnatier befriedigen soll."

Es war beinahe Mitternacht, ehe wir uns von dem Blick auf die durch Tausende von Lichtern erhellte Stadt trennen konnten und unser Lager aufsuchten; aber von Schlaf war natürlich keine Rede. Wer je nach langer und mühevoller Seereise wieder Land erblickte, der kann ermessen, in welcher Aufregung uns die Aussicht hielt, unseren Fuss wieder auf das feste Land setzen zu können. Gott Morpheus hatte daher in dieser Nacht über uns seine Macht verloren.

Mit Ungeduld erwarteten wir den Tagesanbruch und die Stunden schienen zu Tagen zu werden, ehe langsam und fahl das Tageslicht am östlichen Horizonte heraufkroch. Mit dem Lichte kam aber auch ein betäubender Lärm, so dass wir mit einem Satze aus den Betten sprangen, mit Windeseile in unsere Kleider schlüpften und uns auf Deck begaben, um zu sehen, was eigentlich los sei, denn es war ein Lärm, als wären alle Irren Bedlam's auf unseren Dampfer losgelassen worden. Der betäubende Lärm rührte von einigen hundert Coolies her, welche die für Japan bestimmte Ladung, die sie an's Land transportiren sollten, in Lichterschiffe schafften. Andere brachten Kohlen vom Lande und füllten den beinahe vollständig geleerten Kohlenraum des Dampfers. Alle diese Arbeiten begleiteten

CARPENTER SHOP   JAPAN   TISCHLER WERKSTATT

CLEANING RICE   JAPAN   REINIGEN VON REIS

sie mit einem fortwährenden eintönigen Gesange, Gestöhne, Geheul und Geschwätz; eine so kannibalische Combination von verschieden-artigen Tönen, dass selbst Nerven von der Stärke der Ankertaue er-schüttert worden wären. Die ganze Schaar von Japanesen stand unter dem Commando eines Europäers, der augenscheinlich nicht ganz nüchtern war. Die Zurufe, mit denen er die Japanesen anschrie, wie: "Hayaku!" (beeilt euch) ihr Hallunken, ihr Teufel! "Abanaio!" (nehmt euch in Acht) ihr Schufte, ihr Canaillen!" glichen dem Brül-len eines wilden Thieres. Für uns waren diese arbeitenden Coolies ein höchst interessantes Schauspiel. Sie waren nur sehr spärlich bekleidet, ja einige trugen nur ein Tuch um ihre Lenden und ein anderes über ihre Schultern. Ihre Kopfbedeckung bestand aus einem blauen, baum-wollenen Lumpen, der vielfach verschlungen war und die merkwürdig-sten Formen hatte. Einige trugen Kniehosen und nur wenige waren mit alten Röcken, von allen nur möglichen Façons und Farben, bekleidet. Noch andere hatten wollene Decken um die Schultern geschlungen. Die Beine vom Knie abwärts waren bei Allen nackt, und nur Wenige trugen Strohsohlen unter den Füssen.

Man stellt sich immer vor, dass man in Japan stets tropi-sche Hitze zu erdulden hat, der Leser wird daher gewiss nicht wenig von der wahrheitsgetreuen Angabe überrascht sein, dass das Thermometer unter dem Gefrierpunkte stand. Die Coolies schien das aber nicht im Geringsten zu geniren und sie befanden sich an-scheinend so wohl, als ob die Temperatur 40 oder 50 Grad wärmer gewesen wäre. Man kann daraus ersehen, wie zäh und wetterhart sie sind und welche Ausdauer sie besitzen. Sie sind klein von Statur wie alle Japanesen, aber sehr muskulös, und einige sind so schön und proportionirt gebaut und ihr Körper so prächtig ent-wickelt, wie ich es selten gesehen habe. Sie verrichten ihre Arbeit sehr geschickt und fast alle legten Proben grosser Körperkraft ab. Man sagte mir, dass einige dieser Coolies ganz allein Fässer, Kisten, oder Ballen, hantiren, für die man in San Francisco min-

destens drei kräftige Auflader brauchen würde. Einen anderen für
uns interessanten und in der That malerischen Anblick gewährten
die unzähligen Fruchtverkäufer und Hausirer, die an Bord kamen,
um ihre Waaren zu verkaufen. Sie wurden nach dem Zwischen-
decke gewiesen, wo sie mit den Chinesen ausgezeichnete Geschäfte
machten. Jeder dieser Händler hat seinen eigenen "Sampan," ein
grosses Boot, das vom Hintertheil aus mit einem langen Ruder
fortbewegt wird. Diese "Sampans" werden auch als Fährboote
benutzt, um Passagiere vom Schiff an's Land, oder vom Lande
auf's Schiff zu befördern. Hunderte von diesen Fahrzeugen bedecken stets die Gewässer des Hafens.

Am Montag, den 22. December, um neun Uhr früh, gerade
einen Monat nach dem Antritt unserer Reise, setzten wir uns zu
unserem Abschiedsmahle auf dem Dampfer hin. Steward James
hatte sein Wort glänzend eingelöst und ein ganz deliciöses Frühstück servirt. Es würde zu weit führen alle die Leckereien und
Delikatessen, die er uns vorsetzte, aufzuzählen. Sie konnten selbst
dem verwöhntesten Epikuräer genügen, und Herr James kann sich
versichert halten, dass wir weder ihn noch sein Frühstück je vergessen und beiden stets eine freundliche Erinnerung bewahren
werden. Nach dem Frühstück nahmen wir von den Officieren
Abschied, dankten ihnen nochmals herzlich für die uns erwiesene
Freundlichkeit und bestiegen den kleinen Dampfer des Grand Hotel, in den unser Gepäck schon vorher verladen worden war. Bald
dampften wir dem Zollhause von Yokohama zu und kamen nach
einer oberflächlichen Untersuchung unseres Gepäckes gegen eilf
Uhr am Hotel an. Dasselbe liegt am sogenannten "Bund," einer
Strasse, die direct von der Landung nach der Stadt führt und mit
der Bai parallel läuft. Die Gebäude sind meistens solid und von
Europäern, denen sie auch gehören, gebaut. Die Aussicht vom
"Bund" auf die Bai, die von Hunderten von Schiffen bedeckt

ist und der die Umgegend als prachtvoller Rahmen dient, ist in der That von so bezaubernder Schönheit, dass man seinen Blick nicht abwenden kann, und je länger man hinsieht, desto entzückter wird. Die uns im Hotel angewiesenen Zimmer waren gross genug, um als kleine Tanzsäle dienen zu können; sie waren luftig und hell und gewährten eine wundervolle Aussicht auf den Hafen. Die Einrichtung war hübsch und bequem, die Zimmer waren reinlich gehalten und Alles in Allem war das Quartier gemüthlich und schön. Dieses Hotel hat übrigens den Ruf, die vorzüglichste Tafel im fernen Osten zu führen. Die Eigenthümer, die Herren J. Boyer und Paul Muraour, beide Franzosen und Köche von Profession, schenken der Küche ihre persönliche Aufmerksamkeit und setzen ihren Gästen in der That nur das Beste von Allem vor. Natürlich befestigen sie dadurch ihren wohlerworbenen Ruf und ihre Gäste sind bestens bei ihnen aufgehoben. Die Speisen wurden in sehr kleinen Portionen servirt, man konnte aber von jedem Gange so oft nachverlangen, als man wollte, und Alles war vorzüglich zubereitet. Eine Mahlzeit in diesem Hotel ist ein vollständiger Genuss und selbst wenn man vor dem Essen keinen Appetit hat, wird derselbe beim Anblick der Speisen gereizt. Die Bedienung ist vorzüglich. Die kleinen japanesischen Aufwärter, die mit engen schwarzen Gamaschen und einer kurzen Jacke bekleidet sind, entwickeln eine bei uns unerhörte Schnelligkeit und Geschicklichkeit im Handhaben des Geschirres und man sieht ihnen, wenn sie so lebhaft herumhantiren, mit grossem Vergnügen zu. Die Bedienung in vielen Hotels erster Klasse in den Vereinigten Staaten kann mit diesen stets geschäftigen, aufmerksamen, flinken kleinen Kerlen keinen Vergleich aushalten. Da die Aufwärter weder Englisch sprechen noch verstehen, so bestellen die Gäste ihre Speisen von der Karte nach Nummern. Folgende Speisekarte giebt einen Begriff davon:

GRAND HOTEL.

J. Boyer & Co. - - - - - - Eigenthümer.

Diner.—Speisekarte.

Yokohama, den 17. Januar 1886.

1. Swallow's Nest Soup.
2. Fish a la Chambord.

Entrees.

3. Loin of Veal a la Polonaise.
4. Snipe a l' Imperiale.
5. Boiled Mutton a la Reine.

Vegetables.

6. Beans. 7. Spinach.
8. Carrots. 9. Salsifis.

Joints.

10. Roast Beef. 11. Roast Truffled Capons.
12. Curry and Rice.

Entremets,

13. Pudding a la DuBarry.
14. Choux Pralines aux Violettes.
15. Sorbets Riches.
16. Coffee. 17. Tea.

Yokohama ist die einzige Stadt Japans, die eine einigermassen bedeutende Bevölkerung von Fremden (Europäern und Amerikanern) enthält. Nach ihr kömmt Yeddo, dann Kobe, und die vierte im Range ist Nagasaki. Erstgenannte ist der bedeutendste Seehafen, und viele grosse und wohlhabende Geschäftshäuser sind dort etablirt. Der östliche Theil der Stadt liegt auf einer hohen Anhöhe. Die Häuser dort sind fast ausschliesslich Privatwohnungen, schön und solid gebaut und von reizenden, grossen Gärten umgeben. Das Vereinigte Staaten, das englische und das deutsche Marine-Hospital liegen

PEDDLER HAUSIRER JAPAN WOMAN AND CHILD FRAU UND KIND

GIRL AT THE WELL MÄDCHEN AM BRUNNEN JAPAN JAPANESE BEAUTY JAPANESISCHE SCHÖNHEIT

ebenfalls in der Nähe. Auf der Anhöhe findet man auch einen schönen Park, welcher Bluff Garden heisst. In unmittelbarer Nähe befindet sich ein Schiessstand mit einer Zieldistance von 1000 Yards und eine Rennbahn, welche eine Meile lang ist. Yokohama, welches mit den Vorstädten Kanagawa und Hodogangai ungefähr 100,000 Seelen enthält, bietet nichts Besonderes, und unterscheidet sich kaum von den anderen Städten des Landes. Vom Hafen aus sieht man den Vulkan Fusiyama (der seit dem Jahre 1707 bereits ausgebrannt ist) 62 Meilen von der Stadt entfernt. Er ist über 14,000 Fuss hoch und der Stolz Japan's. Die Japanesen bilden mit grosser Vorliebe diesen Vulkan auf allen Artikeln ab, die sie bemalen.

Eine ergötzliche Episode ereignete sich während unseres Aufenthaltes in Yokohama. Die Feuerwehr probirte eine neue Dampfspritze, und unter den Zuschauern befand sich ein alter Japanese, der sich ungemein für die Maschine und ihre Construction interessirte ; es genügte ihm nicht, ganz nahe heranzugehen und jeden Theil aus nächster Nähe in Augenschein zu nehmen, sondern er kroch auch auf den Schornstein hinauf und sah in dessen dunklen Schlund hinab. Die Zurufe und Warnungen der Umstehenden genirten ihn durchaus nicht ; er setzte seine wissenschaftlichen Forschungen fort, lächelte, schüttelte den Kopf und sagte schliesslich, so ein Thier sei ihm in seinem Leben noch nicht vorgekommen.

Die Scene erregte natürlich die grösste Heiterkeit, ist aber sehr charakteristisch für die Japanesen. Der Vorfall erinnerte mich lebhaft an die Geschichte von dem Pionier von Oshkosh, die noch aus der Zeit vor dem Kriege stammt. Als der alte Mann eine Dampfspritze zum ersten Mal in voller Thätigkeit sah, meinte er :

"O ja, das übertrifft unsere alte Handspritze ganz und gar, aber ich möchte um alles in der Welt nur wissen, wozu sie das Wasser erst kochen, ehe sie es auf das Feuer spritzen."

Die Einwohner von Yokohama sind eigenthümliche Menschen, vom humanitären und mildthätigen Standpunkte aus betrachtet. Am letzten Tage des Jahres 1884 wurde das allgemeine Hospital, ein höchst nothwendiges Institut, dessen Unkosten im Verhältniss zu der Bevölkerung und dem Wohlstand der Yokohamaer Fremden äusserst niedrig waren, "in Folge Mangels von Fonds" geschlossen, dagegen näherte sich ein Theater, das $30,000 kostete und zu dessen Bau mehr Geld subscribirt worden als nothwendig war, seiner Vollendung. Ich halte den Bau eines Theaters gewiss für sehr passend, dass aber dafür in einer Stadt mehr als genügend Geld aufgebracht werden kann, während es au Mitteln zum Unterhalt einer nothwendigen Wohlthätigkeits-Anstalt mangelt, ist eine Inkonsequenz, die ich mir nicht erklären kann.

Drittes Kapitel.

Tokio, die Hauptstadt von Japan.

Sitten und Gewohnheiten der Japanesen.

LADIES IN GALA DRESS   JAPAN   DAMEN IN GALLA KLEIDERN

PEASANT GIRLS IN FULL DRESS   JAPAN   BAUERNMÄDCHEN IM FESTSTAAT

n Yeddo (Tokio oder Tokiyo in japanesischer Sprache), der Hauptstadt von Japan, deren gegenwärtige Einwohnerzahl mehr als eine Million beträgt, hielten wir uns mehrere Tage lang auf.

Vor dem Jahre 1868 soll die Stadt über zwei Millionen Seelen beherbergt haben, und eine Zeit lang nahm sie die Auszeichnung für sich in Anspruch, die grösste Stadt der Welt zu sein. Bis zum Jahre 1868 hatte die Regierung zwei Häupter, den Tycoon, das weltliche, und den Mikado, das geistliche Oberhaupt des Landes.

Die wirkliche Regierung lag aber in den Händen von etwa zweihundert Beamten, welche "Daimios" hiessen. Jeder von diesen herrschte in seinem Distrikt so unumschränkt, wie die Feudalherren in alten Zeiten und sie hatten Hunderte, ja oft Tausende von Unterthanen als Soldaten zur Verfügung.

Diese Daimios waren gezwungen, mindestens sechs Monate im Jahre in Yeddo zu wohnen und während der Zeit, in welcher sie sich in ihrem Distrikt aufhielten, wurden ihre Familien als Geisseln für ihre Loyalität zurückbehalten. In Folge dessen wurde die Bevölkerung Yeddo's durch die Daimios, mit ihren Familien und Anhängern um beinahe eine Million vermehrt.

Aber nach der denkwürdigen Revolution von 1868, die mit der Absetzung des Tycoon und der Erhebung des Mikado zum Alleinherrscher endete, während der Tycoon zum Range eines gewöhnlichen Prinzen degradirt wurde, erhielten die Daimios die Erlaubniss, permanent in ihren Distrikten wohnen zu dürfen, mussten aber ihre Heerschaaren auflösen, da die Regierung die militärischen Angelegenheiten des Landes selbst in die Hand nahm und allein verwaltete. So kam es, dass die Einwohnerzahl von Yeddo um die Hälfte abnahm.

Die Hauptsehenswürdigkeiten Yeddo's sind seine Buddhisten-Tempel, von denen der von Shiba, oder Siba, der grösste und unzweifelhaft auch der schönste ist. Der Altar und die denselben umgebenden colossalen Säulen erscheinen dem Auge wie eine Masse leuchtenden und glänzenden Goldes. Die plastischen Abbildungen, wie die von Götzen, Vögeln, Fischen und Thieren aller Art, sowie unbeschreiblichen Ungeheuern und mythologischen Wesen, sind geradezu grossartig.

Gold (gelb), roth und grün sind überall die hervorstechenden Farben, doch sind auch hie und da andere mit Geschmack angebracht. Der Anblick ist von so grossartiger Schönheit, dass er bei dem Besucher des Tempels einen unauslöschlichen Eindruck hinterlässt.

Die Shinto-Tempel sind meist auf erhöhten Punkten erbaut. Sie sind sehr einfach, sowohl in Bezug auf ihren Bau als auf ihre Einrichtung. Sie enthalten keine Götzen, auf dem Altare steht nur ein grosser Spiegel und ihm zur Seite eine Glocke aus Bronce. Dies sind die Requisiten des Gottesdienstes, der in drei Theile zerfällt: Erstens, im Waschen der Hände in einem Becken, das direct am Eingang im Innern des Tempels angebracht ist; zweitens, im Gebet vor dem Spiegel; und drittens, im Anschlagen der Glocke, wodurch der

DAIBUTZ, "THE JAPANESE IDOL"   JAPAN   DAIBUTZ, "DAS JAPANESISCHE GÖTZENBILD"

JAPANESE TEMPLE   JAPAN   JAPANESISCHER TEMPEL

Sonnengöttin (der erhabensten Gottheit der Shintoisten) angekündigt wird, dass der Gläubige sein Gebet beendet hat.

Die Shinto-Priester nehmen anscheinend wenig Antheil am Gottesdienste und schenken demselben fast gar keine Aufmerksamkeit, wie mir Japanesen versicherten, die es wissen mussten.

Sowohl die Religion der Buddhisten, wie die der Shintos, haben im Laufe der Zeit mannigfache Veränderungen erfahren. Jede nahm nach und nach so viel von der andern an, dass beide schliesslich ihren ursprünglichen Charakter verloren. Jetzt kann faktisch nur ein Gelehrter, der sich mit dem Gegenstand eingehend beschäftigt hat, eine einigermaassen klare Definition, oder Erklärung, der beiden Religionen geben, und selbst ein solcher muss zugeben, dass seine Erläuterung vielleicht noch schwache Punkte enthält.

Yeddo hat, wie alle japanesischen Städte, enge Strassen; niedrige, einstöckige (nur in seltenen Fällen zwei- oder dreistöckige) Häuser mit colossalen Dächern, die ganz und gar nicht im Verhältniss zu den übrigen Dimensionen des Gebäudes stehen. Die Dächer der meisten Gebäude der Stadt sind mit schweren und oft ornamentirten Thonplatten bedeckt, in den Vorstädten wird Stroh zur Dachbedeckung benutzt. Die Gebäude hier haben mehr oder weniger die Form eines Vogelkäfigs. Damit meine ich, dass sie sehr klein und die Thüren und Fenster der Statur der Bevölkerung angemessen sind. In den meisten Fällen sind die Fenster durch Lattengitter geschützt, wodurch die Aehnlichkeit mit Vogelkäfigen noch erhöht wird. Glas wird nur in den seltensten Fällen bei den Fenstern benutzt, denn gewöhnlich versieht dünnes Seidenpapier seine Stelle. Natürlich giebt es auch Ausnahmen von dieser Regel, wie z. B. die Tempel, die Läden und Godowns (Waarenmagazine) der grösseren Kaufleute. Von den letztgenannten Gebäuden gleichen viele eisernen Geldschränken, da sie feuerfest gebaut und mit sechs bis acht Zoll dicken, eisernen Fensterläden und Thüren versehen sind. Ausserdem sind noch die Schulhäuser und die Regierungs-Gebäude, lauter grosse Bauten, sowie die Wohnhäuser und andere Gebäude der Europäer, Ausnahmen von der erwähnten Regel. Viele der Gesandschafts-Hotels fremder Nationen sind imposante, grosse Gebäude, und kann das der Vereinigten Staaten den Vergleich mit den anderen sehr gut aushalten. Mit seinem neuen hellgelben Austriche und dunklen Verzierungen gewährt es einen ebenso eleganten als wohnlichen Anblick.

Die Städte von Japan gleichen einander sehr, sie unterscheiden sich in der That nur durch ihre Grösse und ihre Umgebung. Jedes Haus scheint ein Geschäftslokal, oder eine Werkstatt zu sein, nur dann und wann stösst man auf das Wohnhaus eines wohlhabenden Eingeborenen, oder ein Waaren-Magazin. Wie alle diese Läden und Werkstätten ihre Eigenthümer ernähren können, ist ein Räthsel, das nur ein Japanese lösen kann. Mindestens fünfundsiebenzig Prozent der Läden führen dieselben Artikel, nämlich: Thee, Kaffee, Reis, Gemüse und Früchte, aber von Allem nur einen kleinen Vorrath. Die meisten der anderen Geschäftslokale sind "Theehäuser," wo heisser Thee und auch stärkere Getränke verabreicht werden. Viele dieser Häuser enthalten nur ein Zimmer, das etwa zwanzig Fuss im Quadrate misst. Die vordere Hälfte nach der Strasse zu ist das Geschäftslokal, während der erhöhte, durch ein Lattengitter abgegrenzte hintere Theil, als Wohnzimmer benutzt wird. Die ganze Einrichtung des Hinterzimmers besteht aus einigen Matten auf dem Fussboden und einem etwa einen Quadratfuss grossen Feuerkasten aus Holz, der keinen Deckel hat und zu drei Viertheilen mit Asche und Sand gefüllt ist. In diesem brennt ein niedriges Feuer von kleinen Stückchen Holzkohle, und ein solcher Apparat vertritt den Heiz- und den Kochofen. Um diesen Kasten herum hocken die Familienmitglieder an kalten Tagen und versuchen sich zu wärmen, indem sie die Hände über das sogenannte Feuer halten. Dass sie aber ihren Zweck erreichen, glaube ich kaum. Die Wäsche zum Wechseln, wo solche vorhanden ist, sowie die Bettwäsche, wird in einem Schubkasten, oder vielmehr einer an der Wand befestig-

ten Lade aufbewahrt und dieselbe dient zugleich als Kommode
und Kleiderschrank. In der Nacht dienen die Matten auf dem
Fussboden als Bett, und hier erfreut sich der Japanese, in eine wollene Decke, oder auch wohl nur in seine Kleider gehüllt, eines so
gesunden Schlafes, als wenn er auf Eiderdaunen-Kissen gebettet
wäre. Nur die sehr wohlhabenden Leute kennen den Luxus eines
wirklichen Ofens, der Betten und anderer Möbel. Die Armen, die in
Japan unverhältnissmässig stark vertreten sind, haben noch nicht einmal einen Feuerkasten, oder Matten und Decken. Es ist für den
Fremden ein unergründliches Räthsel, wie diese armen Leute unter
den Unbilden eines strengen Winters existiren können.

Von Statur ist der Japanese unter dem Durchschnitts-Maasse.
Die Hautfarbe rangirt in allen Schattirungen von blassgelb bis zu dun-
kelbraun. Das Haar ist grob und pechschwarz und wird von den
jüngeren Leuten bis zu sechs Zoll lang getragen. Viele der älteren
Leute rasiren den oberen Theil ihres Kopfes ganz glatt und lassen im
Uebrigen das Haar so lang wachsen, dass sie es nach Frauenart mit
Haarnadeln und Agraffen stecken können. Sie sehen schrecklich aus.

Selbst in den grössten Städten gehen die meisten Männer, alt
und jung, ohne Kopfbedeckung. Viele Bewohner der höheren Klassen
haben indessen die europäische Tracht adoptirt und tragen auch Hüte
und Mützen. Die Regierungsbeamten und Soldaten sind ebenfalls
nach europäischer Art gekleidet. Die National-Kleidung der japanesischen Männer besteht aus ganz eng anliegenden Beinkleidern (richtige Bühnen-Tricots) meist von dunkler, selten von heller Farbe;
einer Weste, oder einer Art Mieder und darüber ein pelerinartiges
Gewand mit Aermeln, die mehrere Fuss weit sind. Diese dienen als
Aufbewahrungsort von Taschentüchern, Portemonaies, Fächern und
kleinen Packeten, sie versehen also die Stelle unserer Taschen. Um
den unteren Theil des Körpers trägt der Japanese ein dunkelfarbiges
Tuch, oder eine Schürze, die unter dem Obergewand hervorsieht und
einem enganschliessenden Unterrock gleicht.

Die japanesischen Frauen sind noch kleiner von Statur wie die Männer und überhaupt zierlicher gebaut, ihre Köpfe aber gleichen den Dächern ihrer Häuser, denn sie stehen ebenfalls ausser allem Verhältniss zu dem Körper. Das Kostüm der Frauen gleicht dem der Männer, aber eine japanesische Schöne der besseren Klassen sieht sehr elegant aus. Die meiste Zeit und Aufmerksamkeit verwenden sie auf ihr Haar, das sehr kunstvoll frisirt und mit Schmucknadeln, Kämmen, Fächern und Troddeln verziert ist. Eine Art Klebestoff, oder Leim, wird beim Frisiren benutzt und giebt dem Haar einen Schein, der ganz unnatürlich ist.

Die Kinder sind alle in derselben Weise gekleidet und gleichen sich im Aussehen fast wie ein Ei dem anderen. Babies werden auf dem Rücken der Mütter, oder älterer Kinder, getragen. Hier und da sieht man wohl auch einen zärtlichen Vater, oder Grossvater, der so ein Stückchen Mensch zwischen den Schultern trägt. Die Mütter scheinen ihre Kinder sehr zu lieben und geben sich die grösste Mühe, die Köpfe der Kleinen so grotesk anfzuputzen wie nur möglich. Einige Mütter rasiren z. B. das Haar ganz ab; andere lassen nur einen Büschel am Wirbel stehen. Noch andere wieder lassen, damit sich ihre Kinder ja von anderen unterscheiden, ein Büschel Haare über jedem Ohre stehen, während andere vollständige Gänge herausrasirt haben, so dass der Kopf aussieht wie ein Park en miniature. Die Kleinen sehen allerdings nicht sehr schön aus, ja uns Europäern kommen sie eher wie Affen als Menschen vor.

Die Leute auf dem Lande, oder Farmer, kleiden sich alle gleich. Ihre Kleidung besteht aus dunkelblauen Tricots, einem weiten Sackrock mit grossen Aermeln, und einem hellblauen Tuche, das in einer ganz merkwürdigen Form um den Kopf geschlungen wird. Männer und Weiber sind gleich gekleidet. Diese Leute sind alle sehr arm. Die Häuser, in denen sie wohnen, sind miserable Hütten mit Strohdächern. Die Anzahl der Kinder, die man auf einer Tour durch's Land trifft, ist wahrhaft erstaunlich. Die Dörfer wimmeln förmlich von Kindern. Die Bedeckung ihrer Leiber ist kaum Kleidung zu nennen, sie besteht nämlich aus geflickten Lumpen, die aber doch genügend zu sein scheinen, um sie warm zu halten. Da die Anwendung von Wasser und Seife nur eine sehr spärliche ist, kann man die Gesichtsfarbe nicht erkennen.

Ganz Japan gehört der Regierung, und sowohl das Grundeigenthum in Städten als auch auf dem Lande ist an verschiedene Parteien zu enormen Preisen vermiethet, oder verpachtet. Der Farmer kann aus dem Boden kaum genug gewinnen, um seine Pacht zu zahlen, und wenn nicht bald in irgend einer Weise Abhülfe kommt, sind ernstliche Verwicklungen zu befürchten. In Bezug auf die Pacht von Land herrschen factisch in Japan noch schlimmere Zustände wie in Irland. Die Landbevölkerung, die zwar fleissig, höflich und harmlos ist, hat noch verschiedene rohe Sitten ihrer Vorfahren beibehalten. Eine Dame würde sich bei einer Fahrt über Land entsetzen. Eine von verheiratheten Frauen auf dem Lande noch streng befolgte Sitte ist das Schwärzen der Zähne und Abrasiren der Augenbrauen. Sie sehen dadurch im höchsten Grade abstossend aus und gleichen geradezu Ungeheuern. Es heisst, dass das Land weder Vögel, die singen, noch Blumen, die duften, hervorbringt und dass nur importirte Schafe daselbst zu finden sind. Die Kühe sind klein und geben keine Milch, und die Pferde sind kaum grösser als Ponies. Die Wege sind eng, nur wenige breit genug für gewöhnliche Wägen, die meisten aber nicht einmal acht Fuss weit, man kann also nur zu Pferde, oder in der Jinriksha (eine Art grosser Kinderwagen, der von einem oder zwei Männern gezogen wird), oder zu Fuss reisen. Frachten werden nach dem Inneren des Landes auf dem Rücken von Pferden befördert. Diese Lastthiere sind selten mit Hufeisen beschlagen, ihre Hufe werden mit Strohmatten, die mit Strohschnüren befestigt sind, umwickelt. Diese Strohschuhe halten selten länger als einen halben Tag, sie müssen also oft erneuert werden und der Treiber muss für den Fall der Noth stets einen grossen Vorrath davon mit sich führen. In grossen Städten wird aber allgemein das eiserne Hufeisen gebraucht. Die Japanesen, Männer wie Frauen, tragen nur selten Schuhe; Stroh-Sandalen, oder Holzpantinen (Sohlen aus Holz, unter denen oft noch drei bis vier Zoll dicke Lagen von Holzblöcken angebracht sind), die mit einer zwischen der grossen und zweiten Zehe durchlaufenden Schnur befestigt werden, sind allgemein im Gebrauch. Europäische Schuhe werden nur von Denjenigen getragen, die sich europäisch kleiden. Die Strümpfe sind wie Fausthandschuhe gemacht, da die grosse Zehe einen separaten Platz hat, damit das Schuhband durchgezogen werden kann. Selbst während des kalten Wetters, wenn der Schnee sechs Zoll hoch den Boden bedeckt, trägt die Hälfte der Bevölkerung nichts als Sandalen, oder Pantinen. Mit anderen Worten, die Leute laufen factisch barfuss herum.

Im Genusse berauschender Getränke stehen die Japanesen nicht hinter ihren ausländischen Mitmenschen zurück. Das beliebteste Getränk wird "Saki" genannt. Es ist ein aus Reis destillirter Schnapps, der ganz angenehm schmeckt, in zu grossen Quantitäten genossen aber eine schreckliche Wirkung hat.

Der Neujahrstag, der auf den 1. Januar fällt und der grösste Feiertag ist, wird von allen Bevölkerungsklassen gefeiert. Ganz Japan ist an diesem Tage berauscht. Es ist dies eine alte Gewohnheit, die Jahrhunderte zurückreicht und von den meisten Japanesen streng befolgt wird. Selbst unsere Hotel-Aufwärter gingen aus, um den Feiertag nach Landesart zu begehen. Nichts konnte sie davon abhalten, und sie lachten einfach über die Drohung der Hoteliers, dass sie entlassen würden. Als sie Abends, zur Zeit des Diners, zurückkehrten, waren sie alle im siebenten Himmel.

Eine gute Eigenschaft der Eingeborenen ist die, dass sie im Rausche weder lärmend noch streitsüchtig werden. Auch zeigen sie sich nicht eher wieder auf der Strasse, als bis die Spuren der Trunken-

PAPENBERG ISLAND, NEAR NAGASAKI   JAPAN   DIE PAPENBERG INSEL, BEI NAGASAKI

FUSIYAMA, "THE HOLY MOUNTAIN"   JAPAN   FUSIYAMA, "DER GEHEILIGTE BERG"

heit vollständig verschwunden sind. Man trifft daher höchst selten einen Betrunkenen.

Am Neujahrstage gab auch der erhabene Mikado den "Prinzen von königlichem Geblüt," sowie den hohen Würdenträgern des Reiches, sammt den Vertretern fremder Nationen, ein Festmahl. Bei dieser Gelegenheit hielt er folgende kurze und bündige Rede:

"Ich feiere hiermit Neujahr. Es gereicht mir zu grossem Vergnügen, dass es mir vergönnt ist, mit den Vertretern fremder Nationen und den Staatsministern zusammenzukommen, um sie zu bewirthen."

Während dieses Festmahls sprachen die Gesandten Frankreich's und China's kein Wort miteinander und enthielten sich sogar aller bei solchen Gelegenheiten üblichen Höflichkeiten. Sie thaten fast nichts anderes, als dass sie sich gegenseitig starr in's Gesicht sahen.

In Japan interessirte man sich sehr wenig für den französisch-chinesischen Conflict. Die ganze Geschichte wurde als eine Farce betrachtet. Die Geschäfte litten aber grossen Schaden, denn es war, so lange die Streitigkeiten dauerten, nichts zu thun. Die Klagen der Kaufleute im Osten wurden immer lauter und zahlreiche Petitionen wurden an die verschiedenen Regierungen geschickt, um dieselben zum Einschreiten zu bewegen. Auf diese Weise hoffte man die Feindseligkeiten, deren Verlängerung den gänzlichen Ruin der Geschäfte nach sich gezogen hätte, beizulegen.

Diejenigen Reisenden, welche in beiden Ländern Umschau hielten, sind in ihrer Mehrzahl der Ansicht, dass die Japanesen den Chinesen an Intelligenz nachstehen und dass sie nicht zuverlässig sind. Wenn ein Japanese einige Dollars in der Tasche hat, so kann sein Principal jede Minute riskiren, dass er ihn im Stich lässt, auch wenn er eine sehr verantwortliche Stelle einnimmt, nur um sich einen guten Tag zu machen. Er kehrt auch dann nicht eher zu seiner Arbeit zurück, als bis seine Baarschaft vollständig erschöpft ist. Aus diesem Grunde werden auf den japanesischen Dampfern und in den Waaren-Magazinen Chinesen angestellt. Im Grossen und Ganzen sind die Japanesen freundliche, gutmüthige Burschen mit stets heiterem Gemüth. Sie sind glücklich und zufrieden, ob sie Geld haben oder nicht. Die Chinesen dagegen scheinen für nichts Anderes Sinn zu haben, als für den Gelderwerb, und sie befinden sich nur dann glücklich, wenn sie mit Gold, oder Silber, in der Tasche klimpern können. Sie sparen das Geld mit dem Egoismus eines Geizhalses zusammen, der gradezu ekelhaft ist.

Im Coloriren von Photographien, der Fabrikation von Porcellan, dem Verfertigen von Waaren mit eingelegtem Metall, dem Härten von Stahl, dem Anfertigen von Schwert- und Messerklingen, stehen die Japanesen jeder Nation der Erde voran. Auch ihre Stickereien finden, was Schönheit der Farben, Originalität des Musters und kunstvolle, sorgfältige Arbeit anbelangt, nirgends ihres Gleichen.

Ehe ich von diesem Theile Japan's Abschied nehme, will ich versuchen ein Bild der Führer und Bedienten zu entwerfen, die während unseres Aufenthaltes in Yokohama und Tokio in unseren Diensten standen. Bei unserer Ankunft im Grand Hotel nahmen wir einen jungen Japanesen in Dienst, der als Führer und Bedienter fungiren sollte. Er hiess Toya, war ein Vollblut-Japanese im Aussehen und Gebahren, aber trotzdem ein sehr hübscher Bursche. Er sprach zwar nicht sehr gut Englisch, aber mit viel Combinationsgabe und einiger Phantasie unsererseits konnten wir gewöhnlich schon herausbekommen, was er uns sagen wollte. Wir hatten bis zum Neujahrstage auch nicht den geringsten Grund zur Klage. An diesem Tage gaben wir ihm Urlaub und sahen ihn nie wieder nüchtern. Er zeigte sich wohl am zweiten und dritten Januar im Hotel, war aber so entschieden voll des süssen "Saki," dass der Geschäftsführer des Hotels ihn hinausjagte und wir gezwungen waren, ihn zu entlassen. Von da an zeigte er sich uns nie wieder, und seine Freunde versicherten uns, es geschehe das, weil er sich seiner Trunkenheit schäme. Auf Empfehlung des Eigenthü-

EUROPEAN QUARTERS AT YOKOHOMA   JAPAN   STADTVIERTEL DER EUROPÄER IN YOKOHOMA

NATIVE QUARTERS AT YOKOHOMA   JAPAN   STADTVIERTEL DER EINGEBORENEN IN YOKOHOMA

mers unseres Hotels engagirten wir nun Kanako und Thora, zwei Vollblut-Japanesen. Der erstere war zierlicher gebaut als Toya und kaum fünf Fuss hoch. Er wog etwa 100 Pfund und hatte ebenso markirte Züge wie Toya. Er sprach Englisch recht fliessend und leistete uns daher als Führer und Dolmetscher ausgezeichnete Dienste. Auch er legte wohl einen Theil seines überflüssigen Geldes in "Saki" an, doch zeigte er sich nie, wenn er sich unter dem Einflusse dieses tückischen Getränkes befand. Thora, der unsere Zimmer in Ordnung hielt und bei Tisch aufwartete, sah ganz aus wie ein nordamerikanischer Indianer. Der Schnitt seines Gesichtes, die Hautfarbe und sein ganzer Habitus deuteten entschieden auf indianischen Ursprung hin, und doch war er ein Vollblut-Japanese. Er sprach ungefähr so viel Englisch wie Toya und war ein guter und treuer Diener, mit dem wir sehr zufrieden waren. Auf unseren Streifereien durch Tokio begleitete uns ein Däumling dieses Landes "der aufgehenden Sonne," der etwa 75 Pfund wog und Katsu hiess. Er kam Kanako in jeder Beziehung gleich, kannte jeden Winkel der grossen japanesischen Hauptstadt und machte es sich zu seiner Lebensaufgabe, uns jede Sehenswürdigkeit der Stadt zu zeigen. Er hätte um Alles in der Welt nicht zugegeben, dass uns eine derselben entgangen wäre und machte uns auch mit den Sitten und Gewohnheiten des Landes bekannt. So erzählte er uns, dass Katzen, Hunde, Ratten und Mäuse, mit Ausnahme der weissen Mäuse, von den ärmeren Klassen täglich verzehrt werden, was uns übrigens auch von japanesischen Beamten, die häufig in unser Hotel kamen, bestätigt wurde. Sie behaupteten sogar, dass die Consumption dieser Thiere im Verhältniss ebenso gross sei als in China, trotzdem sie in Japan nicht öffentlich feilgeboten werden.

Ich nehme hier mit Vergnügen Gelegenheit, Herrn Christiansen, dem Steward des Grand Hotels, und Herrn Henriques, dem Eigenthümer des Yokohamaer Leihstalles, meinen Dank auszusprechen.

Diese Herren nahmen sich unserer mit grösster Freundlichkeit an, ar-
rangirten viele höchst interessante Ausflüge, auf denen sie uns begleiteten, und Herr Henriques trieb seine Freundlichkeit sogar so
weit, uns seine elegante Philadelphiaer Equipage und seine schönsten
Pferde unentgeltlich zur Verfügung zu stellen.

Herr Christiansen hat eine romantische Vergangenheit. Er ist
ein Amerikaner von dänischer Abkunft, ein Gentleman vom Wirbel
bis zur Zehe und ein jovialer, liebenswürdiger Gesellschafter. Er
wurde vor etwa vierzig Jahren in Flensburg geboren, lief in noch ju-
gendlichem Alter seinen Eltern fort und wurde, seinem Hange nach
Abenteuern folgend, Schiffsjunge. Er diente dann als Matrose auf
dänischen, deutschen, englischen und amerikanischen Kriegs- und
Kauffahrtei-Schiffen und war zu einer Zeit Proviantmeister auf dem
"Palos," der damals vom Capitain Nelson (unserem Reisegefährten
auf dem Dampfer Rio Janeiro) commandirt wurde.

Verschiedene Male wurde er zum Capitain auf Kauffahrtei-
Schiffen befördert, ja einmal lächelte ihm Fortuna sogar so hold, dass
er Commandeur seines eigenen Schiffes war.

"Ich hielt mich damals für unabhängig reich," sagte er,
"war aber nicht zufrieden genug, und durch mein Streben immer noch
mehr irdische Güter aufzuhäufen, verlor ich Alles."

Ehe er seine jetzige Stellung im Hotel erhielt, war er bei dem
Seehundsfang betheiligt, wobei er oft Reichthümer erwarb, die er aber
immer wieder bei neuen Unternehmungen zusetzte. Vor einigen
Jahren verheirathete er sich mit einer sehr gebildeten japanesischen
Dame von hohem Range und aus bester Familie, deren Vergangenheit
womöglich noch romantischer als die ihres Gatten ist. Sie war die
Tochter eines Officiers von hohem Rang in der Armee des Tycoon.
Kurz vor dem Ende der Revolution von 1868 wurde ihr Vater gefangen
genommen und hingerichtet, und da ihre Mutter schon vorher gestorben war, blieb das erst dreijährige Kind als Waise zurück.

Glücklicherweise hörte eine gutherzige und mildthätige Eng-

CHINESE AT DINNER   CHINA   CHINESEN BEIM MITTAGSTISCH

CHINESE LADIES AND CHILD   CHINA   CHINESISCHE DAMEN UND KIND

länderin von dem bedauernswerthen Schicksal der Kleinen und adoptirte die arme Waise. Später zog diese Engländerin nach Shanghai, wo sie ihre Adoptivtochter in einem katholischen Nonnenkloster
erziehen liess. Von dort gingen sie nach Süd-Amerika und kehrten
erst nach einem zwölf Jahre dauernden Aufenthalt daselbst nach Japan
zurück. Bald nach der Rückkehr starb die Pflegemutter und so
stand ihre Adoptivtochter nun zum zweiten Mal allein in der Welt.

Sie fand jedoch bald Beschäftigung als Gouvernante bei einer
englischen Familie und wohnte bei dieser in Yokohama. Dort traf
Christiansen seine spätere Frau zum ersten Male; sie lernten sich näher
kennen und lieben und heiratheten sich nach kurzem Brautstande.
Die Ehe ist eine sehr glückliche und ihr kleiner Sohn ist ihr Aug-
apfel. Er hat ein Paar so glänzende kluge Augen, eine so dunkle
Hautfarbe und so kräftige Lungen, wie sie fast alle anderen
japanesischen Halbblut- oder Vollblut-Babies aufweisen.

Viertes Kapitel.

In Japan (Fortsetzung.)

STREET IN HONG-KONG.   STRASSE IN HONG-KONG.

CHINA

 n allen Büchern über Japan, die ich gele-
sen habe, wurde dasselbe stets als eines der
schönsten Länder der Welt bezeichnet. Ich
kann jetzt nach eigener Anschauung sagen,
dass das keine Uebertreibung ist. Es ist ein
Land von hoher Schönheit und jeder Zoll des Bodens befindet sich
unter ausgezeichneter Cultur. Die Bewohner stehen allerdings nicht
auf der Höhe moderner Civilisation, erfreuen sich aber nichtsdesto-
weniger bedeutender Bildung und besitzen alle Tugenden, die einen
guten Bürger ausmachen. Das sogenannte Christenthum nennt sie
Heiden und Götzendiener, sie können aber trotzdem mehreren unserer hocherleuchteten Nationen in Bezug auf Ehrlichkeit, Fleiss, Höf-
lichkeit, Gesellichkeit und Freundlichkeit zum Vorbilde dienen.

Wie in allen anderen Ländern kommen kleine Gesetzüber-
tretungen auch dort häufig vor, aber grosse und brutale Verbre-
chen ereignen sich nur sehr, sehr selten. Die Criminal-Gesetze sind
ungemein streng und werden in den letzten Jahren strict durchge-
führt. Früher waren auch in Japan Bestechungen an der Tages-
ordnung, das ist aber, wie mir gesagt wurde, jetzt anders geworden.

Es ist jetzt nahezu unmöglich, einen Beamten durch corrupte Mittel zu gewinnen. Wenn es wahr ist, was die japanesischen Zeitungen behaupten, dass die jetzt herrschende Partei es sich zu ihrer Hauptaufgabe gemacht hat, den Zweig der Regierung besonders rein zu halten, welcher mit der Ausführung der Gesetze betraut ist, so hat Japan einen grossen Schritt vorwärts auf der Bahn des Fortschrittes gemacht und wird sicherlich bald die wohlthätigen Folgen davon spüren. Während unseres Aufenthaltes in Japan veröffentlichte die Zeitung "Jiji Shimpo" einen langen und vortrefflich geschriebenen Leitartikel über religiöse Freiheit. In demselben wurde die Gleichstellung der christlichen Religion mit der der Shintos und Buddhisten in der entschiedensten Weise befürwortet. Es wurde gesagt, dass Japan keine Staats-Religion anerkennen solle, da die Regierung so wie so wenig, oder gar nichts, zum Unterhalte der Tempel beitrage, denn die ganze Ausgabe für religiöse Zwecke habe im vorhergehenden Jahre kaum $150,000 betragen. Der "Jiji Shimpo" prophezeihte, im Falle ein Gesetz erlassen werde, das religiöse Freiheit garantire, eine neue Aera des Friedens, des Glückes und Wohlstandes für Japan. Die Machthaber waren über diesen Leitartikel sehr bestürzt, vom Volke aber wurde er augenscheinlich sehr beifällig aufgenommen und der "Jiji Shimpo" hatte die Genugthuung, dass die Regierung bald darauf in der Religions-Frage einen sehr liberalen Standpunkt einnahm, was ohne Zweifel dem Einflusse jenes Artikels zuzuschreiben ist. Aus dieser liberalen Schwenkung der Regierung ziehen besonders die Missions-Gesellschaften Vortheil, da diesen fortan keinerlei Hindernisse bei der Verbreitung des Christenthums mehr in den Weg gelegt werden. Die japanesische Regierung aber versetzte der Staats-Religion den schwersten Schlag mit einer Proclamation, durch welche das "Religions-Departement" des Staates abgeschafft wurde. Durch diese Maassregel wurden alle Religionen auf gleiche Stufe gestellt, und ein weiterer Schritt auf der Bahn der Freiheit war gethan.

PUBLIC GARDEN IN HONG-KONG   CHINA   ÖFFENTLICHER GARTEN IN HONG-KONG

In Bezug auf die Volks-Erziehung hat Japan in den letzten zehn Jahren, ganz besonders aber in den letzten drei Jahren, bedeutenden Fortschritt bekundet. Im ganzen Lande sind Freischulen errichtet und auch von der Jugend fleissig besucht worden. In den grösseren Städten findet man sogar viele Hochschulen, welche von den jungen Leute mit Eifer frequentirt werden. Die grosse Universität von Tokio erfreut sich in der ganzen civilisirten Welt eines ausgezeichneten Renommee's. Ausser den öffentlichen Freischulen giebt es aber auch noch eine grosse Anzahl von Privat-Seminaren, die unter der Leitung von eingeborenen, oder europäischen, Lehrern oder Missionären stehen. Die Lehrer in den Elementar-Schulen sind meistens Eingeborene, aber an den Hochschulen und der Universität sind viele der Lehrstühle mit europäischen und amerikanischen Professoren besetzt. Aber auch diese werden nach und nach durch Eingeborene ersetzt, die entweder im Lande sich die nöthigen Kenntnisse erwarben, oder von der Regierung nach Europa, oder Amerika, geschickt wurden, wo sie eine umfassende Ausbildung für ihren Beruf erhielten. In nicht zu ferner Zukunft wird Japan, wenn es in demselben Verhältnisse fortschreitet, bald im Stande sein, ohne alle fremden Lehrer fertig zu werden und alle seine Interessen ohne fremde Hülfe zu fördern.

Kunst und Wissenschaft werden in gleicher Weise gepflegt, wofür die Bergbau-, Ingenieur-, Feldmesser- und Ackerbauschulen, sowie die Militär- und Flotten-Akademie der Regierung lebhaftes Zeugniss ablegen.

In Yokosuka, bei Yokohama, befinden sich die grossen Schiffs-Werften und Docks der Regierung, wo grosse Panzer- und andere Kriegsschiffe von japanesischen Handwerkern unter der Aufsicht japanesischer Cadetten, die an der Flotten-Akademie ihre Studien absolvirt haben, gebaut und ausgerüstet werden. In dem Arsenal, das sich ebenfalls dort befindet, werden alle Handwaffen, leichte Geschütze und die Munition angefertigt. Die schweren Geschütze von 12 bis 36 Tons werden dagegen von Europa bezogen.

Während unseres Aufenthaltes in Japan ballten sich Kriegs-
wolken zusammen, da es eine Zeit lang schien, als sollte es zwischen
Corea und Japan zum Kriege kommen. Japan war gesonnen
eine ihm von Corea zugefügte Beleidigung zu rächen. Als sich dann
die Nachricht verbreitete, dass China sich zum Schutzpatron von Corea
aufwerfen wolle, war die Aufregung sehr gross, denn die Chinesen
und Japanesen sind keine guten Nachbarn. Kaum war die Nachricht von dem drohenden Kriege und der Einmischung China's
bekannt geworden, als Tausende und Abertausende von Freiwilli-
gen aus allen Theilen des Landes zusammenströmten, um im Falle
eines Krieges ihre Dienste anzubieten. Auf die in grosser Zahl
eintreffenden Ringkämpfer setzte man besonders grosse Hoffnungen,
denn dieselben werden ihrer Körperkraft und Gewandtheit wegen für
gute Soldaten gehalten. Der Ringkampf wird allgemein eifrig gepflegt und ist Japan's Nationalvergnügen. Geübte Ringkämpfer reisen in ganzen Trupps durch's Land und geben Vorstellungen, die auf
die Einwohner des Landes grosse Anziehungskraft ausüben.

Die Vorstellungen sind aber auch wirklich sehenswerth; denn
die Leute geben in denselben Proben von Kraft und Gewandheit,
Muth und Ausdauer, sowie eingehender Kenntniss von der Kunst des
Ringkampfes, die in den meisten Fällen ganz erstaunlich sind. Sora-
kichi, der sich in den Vereinigten Staaten Jahre lang als "Japanesischer Champion" producirte, gehörte früher einem dieser Trupps an.
Unser Führer Kanako kannte ihn persönlich und sagte uns, dass er
noch lange nicht der beste Ringkämpfer in Japan sei, obgleich er
allerdings einzelne brillante Leistungen seiner Kraft gezeigt habe, und
dass es viele Ringkämpfer in Japan gäbe, die ihm weit überlegen seien.

Während unseres Aufenthaltes in Tokio wurde uns Gelegenheit
geboten einen der Wettkämpfe, die gerade abgehalten wurden, mit anzusehen. Die zwölf Mitglieder einer berühmten Truppe rangen unter
einander. Der Ringkampf fand in einem temporär für den Zweck

INTERIOR OF A TEMPLE IN SHANGHAI   CHINA   INNERE ANSICHT EINES TEMPELS IN SHANGHAI

CHINESE CONVEYANCES   CHINA   CHINESISCHE FAHRGELEGENHEITEN

aufgeführten Gebäude, in welchem für die Zuschauer sehr schlecht ge-
sorgt war, statt. Der Besuch war ausgezeichnet, und den bevorzugten
Lieblingen des Publikums wurde ein enthusiastischer Empfang bereitet. Während des Kampfes selbst bemächtigte sich des Auditoriums
eine intensive Aufregung, die sich jedesmal durch einen wahrhaft be-
täubenden Lärm Luft machte, wenn einer der Kämpfer über seinen
Gegner einen Vortheil errungen hatte. Im Ganzen war die Vorstellung sehr interessant und hätte uns grosses Vergnügen bereitet, wenn
nicht ein Verfahren, das nicht auf dem Programme stand, uns sehr
unangenehm berührt hätte.

Bei den Ringkämpfen kommt es nämlich häufig vor, dass
einer der Kämpfer, oder auch beide, Verletzungen davon tragen.
Nach jedem Gange werden diese nun mit einem glühenden Eisen,
das zu diesem Zwecke stets bereit gehalten wird, ausgebrannt, um
das Eitern der Wunden zu verhüten. Uns war diese Procedur
sehr unangenehm, augenscheinlich viel unangenehmer als den davon
Betroffenen. Diese liessen nämlich die Operation mit stoischer Gleich-
gültigkeit über sich ergehen und zeigten weder Schmerzen noch
Unbehagen, ja nicht einmal das leiseste Zucken der Muskeln war
bemerkbar, während das glühende Eisen in Operation war.

Einzelne dieser Ringkämpfer sind im wahren Sinne des
Wortes mit Narben, die von den Wunden und dem Ausbrennen
derselben herrühren, übersät, und sie scheinen stolz auf diese Zeichen ihrer Triumphe zu sein. Jede dieser Narben gilt als Ehren-
zeichen, das im Kampfe um Ruhm und Ehre gewonnen wurde.
Diese tapferen Ringkämpfer also sandten, sobald Fama in die
Kriegstrompete gestossen hatte, eine starke Deputation an den Mikado nach Tokio, um ihm die Dienste der Ringkämpfer-Zunft im
Falle eines Krieges zur Verfügung zu stellen. Sie bewiesen dadurch ihre Loyalität und ihren Patriotismus, stellten aber auch ihre
Bedingungen, indem sie gleichzeitig angaben, in welcher Eigenschaft sie dem Mikado im Kriege dienen wollten. Bei der kör-

perlichen Entwickelung und Ausbildung dieser Leute, den Gefahren, denen sie häufig begegnen, den Schmerzen, die sie täglich aushalten, während sie ihrem Berufe obliegen, hätte man glauben sollen, dass sie den Mikado gebeten hätten, sie zu einer separaten Kerntruppe zu machen, die an der Spitze der japanesischen Armee marschiren wolle, um ihr den Weg für den Siegeszug nach der Hauptstadt von Corea zu bahnen und so die Ehre ihres Vaterlandes zu retten. Man erwartete allgemein, dass sie den Mikado bitten würden, sie dorthin zu stellen, wo die meiste Gefahr sei; man denke sich aber die Enttäuschung und das Erstaunen, als von Tokio berichtet wurde, dass die berühmten Ringkämpfer dem Mikado ihre Dienste als "Nachzügler der Armee, um das Gepäck zu tragen," angeboten hätten. Die grossen Ringkämpfer hatten sich in ganz Japan unsterblich blamirt und lächerlich gemacht.

Die Frage schneller Beförderung in Städten und deren Umgebung wurde vor vielen Jahren schon von einem christlichen Missionär gelöst, welcher den von mir bereits erwähnten zweirädrigen Baby-Wagen, Jinriksha (Jiniriksha), auch 'Riksha genannt, erfand. Diese Wägen sind natürlich, um Erwachsene transportiren zu können, ziemlich leicht gebaut und leisten auf ebenen Wegen für kurze Strecken gute Dienste. Ein Mann ist für gewöhnlich genügend, bei langen Reisen aber, oder auf hügeligem Terrain, muss noch ein Zweiter zum Fortbewegen des Wagens engagirt werden. Dieser wird entweder vorn an der Deichsel als Vorspann gebraucht, oder er hilft hinten durch Nachschieben. Diese 'Rikshas sind sehr bequem und für den Reisenden in Japan unentbehrlich. Obgleich sie eigentlich nur für eine Person bestimmt sind, sieht man doch oft zwei, drei oder selbst mehr Eingeborene in denselben, die nur von einem Manne fortgeschleppt werden. Die Erfindung erwies sich als grosser Segen für viele Tausende von armen Leuten, da sie ihnen Verdienst und Lebensunterhalt verschafften. Jetzt ernährt dieses Gewerbe eine grosse

Anzahl von Proletariern, die sonst kaum ihr Leben fristen könnten. Obgleich Tokio sich ausgedehnter Strassenbahn-Verbindungen erfreut, sind doch über fünfundzwanzig tausend 'Rikshas in Betrieb, die etwa vierzig Tausend Menschen Verdienst geben, dabei rechne ich nur Diejenigen, die direct beim Betriebe dieser Wägen beschäftigt sind. Yokohama soll vier tausend haben und es existirt kaum eine Stadt im ganzen Reiche, wo sie nicht zu finden sind. Man reist mit diesen 'Rikshas merkwürdig schnell, selbst bei grossen Distancen. Als wir nach dem "Daibutz," der etwa 15 Meilen von Yokohama entfernt ist, fuhren, nahmen wir erst einen Wagen, legten aber die letzten sechs Meilen in 'Rikshas zurück, von denen jede von zwei starken Männern fortbewegt wurde. Trotzdem die Wege auf dieser Strecke ganz miserabel, da sie aufgeweicht und schmutzig waren und fast fortwährend bergan führten, liefen die Männer doch in gutem Trabe die ganze Strecke bis zu unserem Bestimmungsorte. Unsere Rückreise wurde in derselben Weise zurückgelegt, obgleich wir einen anderen Weg nahmen, der noch zwei Meilen länger war. Wir waren über diese merkwürdige Ausdauer um so mehr erstaunt, als die Leute nicht im mindesten erschöpft, oder ausser Athem waren. Die 'Riksha-Führer rekrutiren sich meist aus den Coolies, die stark, gesund und leichtfüssig sein müssen. Es ist eine harte Arbeit, die sie verrichten, trotzdem sie nicht davon angegriffen zu sein scheinen; aber wenn auch ihr Leben keineswegs ein sehr glückliches und arbeitsfreies ist, sind diese Coolies stets heiter und gut gelaunt. Um die Statue von Daibutz, des buddhistischen Götzen, zu sehen, hatten wir eigens jene Reise unternommen, und wir bedauerten es keinen Augenblick, denn sie ist wirklich eine der interessantesten Sehenswürdigkeiten Japan's. Die Statue ist mindestens fünfzig Fuss hoch und aus einem Metalle gefertigt, das der Bronze sehr ähnlich sieht. Die Eingeborenen behaupten aber, dass nur Kupfer, Gold und Silber bei ihrer Herstellung verwendet wurden.

Die folgenden statistischen Angaben, welche dem in Hongkong

publicirten "Chronicle and Directory for China, Japan, the Philippines, etc." entnommen sind, geben interessante Einzelnheiten über Japan und zeigen, wie klein verhältnissmässig die fremde Bevölkerung ist.

Die Total-Einkünfte der Regierung im Jahre 1884—85 betrugen $75,982,969; von berauschenden Getränken allein wurden $16,879,462 eingenommen.

Im Jahre 1882 gab es 29,081 Elementar- und 172 Mittel-Schulen, ausserdem aber noch 76 Normal-Schulen und höhere Unterrichts-Anstalten für Special-Studien, wie Jura, Medicin, Bergbau, Ackerbau und fremde Sprachen; ferner fünf höhere Töchterschulen.

Der Umsatz im Geschäfte mit dem Auslande betrug im Jahre 1883: Einfuhr $27,848,992; Ausfuhr $35,709,066, wovon auf Yokohama allein $18,618,612 Einfuhr, $25,691,215 Ausfuhr kamen.

Die Einwohnerzahl der japanesischen Städte betrug im Jahre 1883:

Nagasaki 47,412 mit 95 Britten und 44 Amerikanern.

Kobe (Hiogo) 54,421 mit 232 Britten, 48 Deutschen und 33 Amerikanern.

Osaka 300,662 mit 21 Britten und 54 Amerikanern.

Tokio 1,200,000 mit einer Fremdenbevölkerung von 634, inclusive der Chinesen.

Yokohama's Einwohnerzahl wird mit 100,000 angegeben, wovon 595 Britten, 253 Amerikaner, 160 Deutsche, 109 Franzosen, 28 Holländer, 35 Portugiesen und 43 Russen sind. —

Am Montag, dem 25. Januar, setzten wir unsere Reise fort und fuhren um punkt 4 Uhr Nachmittags mit dem Dampfer "Hiroshima Maru" nach China ab. Unsere Route führte uns an der reizenden Ostküste Japans entlang nach Süden.

Der "Hiroshima Maru" war ein grosser und elegant eingerichteter Raddampfer, mit geräumigen und bequem eingerichteten

SCENE IN SINGAPORE   SINGAPORE   FIRE SCENE IN SINGAPORE

Cajüten, sowie einem sehr schönen Promenaden-Deck. Ein Engländer, Capt. Wynne, war der Commandeur; derselbe war ein erfah-
rener Seemann, der beinahe seit 20 Jahren in japanesischen Diensten stand. Die Steuerleute und Ingenieure waren ebenfalls Engländer, der Steward und die Köche aber Chinesen und die Aufwärter und Kajütenjungen Japanesen. Capitän Wynne ist ein jovialer, liebenswürdiger Herr, dessen Zuvorkommenheit und Freundlichkeit von Allen, die Gelegenheit hatten, mit ihm eine Reise zu
machen, gerühmt werden. Der erste Ingenieur, meiner Schätzung
nach ein Mann von 45 Jahren, war ein merkwürdiges mixtum com-
positum von Witz und Grämlichkeit. Die erstgenannte Eigenschaft
zeigte er stets, wenn er in seinen Freistunden, von den Passagieren
umringt, auf dem Deck sass, die unglaublichsten Geschichten von
seinen Reisen zu Wasser und zu Lande erzählte und dann selbst über
dieselben am lautesten und herzlichsten lachte. Seine Grämlichkeit
kam oft, und zwar in heftigstem Maasse beim Essen, zum Vor-
schein. Nichts war ihm recht, was ihm auch vorgesetzt wurde
und es kam oft vor, dass er nicht einen Bissen berührte, wobei er
fortwährend mit unterdrückter Stimme über den Koch und seine
Gehülfen fluchte. Er stillte aber trotzdem seinen Appetit und war
wie umgewandelt, sobald er vom Tische aufstand. Der Capitän
sagte uns, dass der Aerger des Ingenieurs und seine Zornausbrüche
lediglich daher kämen, dass er alles intensiv hasse, was chinesisch sei.

Unter unseren Reisegefährten auf dem "Hiroshima Maru"
befand sich auch der in Japan stationirte chinesische General-Con-
sul, mit zwei Frauen und zwei kleinen Kindern, sowie einem grossen Gefolge von Dienstboten. Er war von Mittelstatur und ausserordentlich beleibt. Seine Hautfarbe war hell und sein Gesichtsaus-
druck ganz angenehm. Er sprach nur wenig Englisch, so dass wir
uns nicht viel mit ihm unterhalten konnten. Den Ingenieur konnten wir durch Nichts veranlassen, sich in der Gesellschaft des Ge-

ueral-Consuls zu bewegen. Wenn er in seine Nähe kam, knirschte
er mit den Zähnen, murmelte einige Flüche und versohwand schleunigst.

Bei verschiedenen Gelegenheiten hatten wir das Vergnüg-
en, die Frauen unseres hohen Reisegefährten auf Deck zu sehen. Sie kamen, auf den Arm ihrer bewährten Dienerinnen ge-
stützt, herangehumpelt, denn sie konnten weder allein stehen noch
gehen, und ihre feinen Füsschen, die nicht grösser waren wie die
eines neugeborenen Kindes, staken in den niedlichsten Pantoffeln,
die man sich denken kann. Die Frauen waren von sehr kleiner
Statur und reich in Gewänder von hellfarbiger Seide gekleidet.
Ihre Gesichter waren von grosser Schönheit. Die zwei Kinder,
beide Knaben von respective zwei und drei Jahren, waren reizende
kleine Kerle. Sie sahen wie ein paar grosse hübsche Puppen aus
und waren die Lieblinge aller an Bord befindlichen Personen, nur
ihr Vater schien sich nicht viel aus ihnen zu machen.

Genau 36 Stunden nachdem wir Yokohama verlassen hatten,
ankerten wir vor Kobe, der europäischen Niederlassung von Hiogo.
Das letztere ist der Haupt-Hafen und Verladungsplatz für Osaka,
Miako, Kioto und ganz Süd-Japan.

Bei unserer Ankunft liess der Capitän es sich nicht nehmen,
uns als Führer durch die Stadt zu begleiten, und wir hatten es
nicht zu bereuen, dass wir sein freundliches Anerbieten annahmen,
denn der Tag wurde durch seine Gesellschaft äusserst interessant
und genussreich.

Die Abendstunden vertrieben wir uns durch Billiard-Spiel im
Hotel von Hiogo, und hier gab uns der Capitän folgende Erklärung
für seine Vorliebe für schottischen Whiskey: "Vor Jahren, als ich
nach Australien fuhr," erzählte er, "litt ich fortwährend an Rheumatismus, welcher mich oft wochenlang an mein Lager fesselte. Auf Zure-
den eines meiner Begleiter liess ich mich überreden, gelegentlich
eine starke Dosis von altem schottischen Whiskey zu nehmen, der,

POLICE STATION · SINGAPORE · POLIZEI STATION

CHINESE TEMPLE · SINGAPORE · CHINESISCHER TEMPEL

seiner Behauptung nach, in vielen ähnlichen Fällen, bei denen er ihn angerathen, ganz ausgezeichnete Dienste gethan hatte. Nachdem ich seine Verordnung mehrere Tage befolgt hatte, fühlte ich bedeutende Besserung und in kurzer Zeit war ich vollständig hergestellt, und das Beste ist, dass ich seit jener Zeit auch nicht das leiseste Anzeichen von Rheumatismus mehr hatte. Was Wunder, dass ich meinen guten alten schottischen Whiskey so lieb habe?" Capitän Wynne endete seine Erklärung gewöhnlich mit den Worten: "Junge, gieb mir mal einen Tropfen aus der alten Flasche! Was nehmen Sie, meine Herren?"

Kobe ist einer der reinsten, vielleicht der reinste Platz der Welt. Die Strassen sind so eben wie der Fussboden eines Parlors, und nicht ein Atom von Staub oder Schmutz darf sich dort ansammeln. Am Suwonada, oder Inland-See, etwa neunzig Meilen vom stillen Ocean entfernt gelegen, mit Hiogo und den umliegenden Inseln, dem Gebirge und dem See als Hintergrund, gewährt Kobe einen ungemein malerischen Anblick und übertrifft es in dieser Beziehung alle Städte Japan's. Die Ueberfahrt über den Suwonada ist eine der schönsten Wasserfahrten, die man sich denken kann, denn dieser Meerbusen zieht sich zwischen den Inseln Nippon, Kinsiu und Sikoke hin, erstreckt sich vom stillen Ocean nach dem gelben Meere in einer Länge von 500 Meilen und bietet die schönsten Aussichten auf der ganzen Fahrt. Seine Breite variirt beträchtlich. In diesem Gewässer liegen etwa dreitausend Inseln, die ohne Zweifel vulkanischen Ursprungs und in höchst malerischer Unordnung über das Wasser hingesäet sind. Sie sind von verschiedenen Grössen und Formen und meistens mehr oder weniger bewohnt und bebaut. Am östlichen Ende des Meerbusens liegt Nagasaki, der südlichste Hafen von Japan. Diese Stadt ist im Halbkreise um den äussersten Rand des Hafens herum gebaut und kann sich in Bezug auf malerische Umgebung mit Kobe und Hiogo messen, ja viele Reisende behaupten sogar, dass es die am schönsten gelegene Stadt Japan's ist.

In der Einfahrt des Hafens liegt die kleine Insel Papenberg, oder Ta Kaboko, die eine düstere Geschichte hat. Gegen Ende des sechszehnten Jahrhunderts, als die Jesuiten mit der Einführung der christlichen Religion in diesem Theil von Japan grosse Fortschritte gemacht hatten, gab die Regierung den Befehl, Alle auszurotten, die sich zu der neuen Religion bekannten. Eine blutige Religionsverfolgung wurde in's Werk gesetzt und Tausende von Christen flohen auf diese Insel, die ihnen als letzter Zufluchtsort diente. Aber Alle kamen um, denn Diejenigen, welche dem Schwert entrannen, wurden in den See gejagt, wo sie den Tod fanden. Die Opfer dieser Christenhetze wurden später in Rom als Märtyrer canonisirt. Einige Geschichtsschreiber berichten, dass den auf dieser Insel angesammelten Flüchtlingen von der Regierung die Alternative gestellt wurde, entweder zu dem alten Glauben zurückzukehren, oder das Leben einzubüssen. Alle blieben aber ihrem neuen Glauben getreu und erlitten lieber den Tod, als dass sie ihre neue Religion aufgaben.

Am Samstag, den 31. Januar, Nachmittags um 4 Uhr, nahmen wir Abschied von Japan; nach wenigen Stunden befanden wir uns auf hoher See im gelben Meere und dampften gradenwegs China zu. Unser Reiseziel war Shanghai.

COCONUT GROVE   SINGAPORE   KOKOSPALMEN WÄLDCHEN

Fuenftes Kapitel.

In Shanghai, China.

achdem wir das Whang Hai, oder gelbe Meer, dessen Name schon anzeigt, dass das Wasser von schmutzig gelber Farbe ist, was von der Losreissung der Erde an beiden Ufern des grossen Yang-tse-Kiang Flusses, der in das gelbe Meer mündet, herrühren soll, durchschifft hatten, langten wir am Montag, den 2. Februar 1885, um drei Uhr Nachmittags, in Shanghai an. Wir hatten also die Reise, mit Einschluss des Aufenthaltes an Landungen, von Yokohama in sieben Tagen zurückgelegt und waren in 47 Stunden von Nagasaki nach Shanghai gekommen. Wir begaben uns sofort nach dem Astor Hause, wo uns sehr comfortable Quartiere angewiesen wurden.

Dieses Hotel, das von Amerikanern geführt wird, liegt in dem amerikanischen Hong Kew und ist kaum einen Square vom Ufer des Flusses Whang Poo entfernt; man kann in wenigen Minuten alle bedeutenden Werfte, Bauten, öffentlichen Gebäude und den Geschäftstheil der Stadt erreichen.

Wir engagirten bald einen brauchbaren chinesischen Führer, dem wir gleich zu verstehen gaben, dass er gute Zahlung erhalten würde, wir aber dafür von ihm seine ungetheilte und fortwährende Aufmerksamkeit erwarteten. Die Chinesen sind listiger und heimtückischer als die Japanesen. Wir brauchten daher die Vorsicht, unserem Führer gleich einzuprägen, dass wir seine Mucken kannten und nicht mit uns spassen liessen.

Unsere erste Zusammenkunft blieb augenscheinlich nicht ohne Eindruck auf den Führer, denn wir hatten durchaus keine Schwierigkeiten mit ihm, sondern bemerkten mit Vergnügen, dass er jederzeit tapfer für uns eintrat.

Zwei Stunden nachdem wir gelandet waren, begannen wir bereits, begleitet von unserem Führer, der Wong Kwai Ching hiess, unseren Streifzug nach dem eigentlichen Shanghai, nämlich dem von Eingeborenen bewohnten Stadttheile, der von einer zwölf bis fünfzehn Fuss hohen Steinmauer umgeben ist.

Die Thore, sieben an der Zahl, welche die Eingänge schützen, sind sehr massiv von Holz gebaut, sonst aber ganz einfach und lediglich auf den Schutz berechnet. Der Haupt-Eingang, durch welchen wir einpassirten, liegt in der Nähe des französischen Viertels und bildet eine Art Tunnel von 30 Fuss Länge, der durch ein inneres und ein äusseres Thor geschützt ist.

Die Mauer soll drei und eine halbe Meile im Umkreise messen und wurde im letzten Theile des sechszehnten Jahrhunderts, während des japanesischen Einfalles, erbaut. Als wir in die Stadt eintraten, wurden wir von einer Schaar Bettler, von einer Sorte, wie sie in den schlimmsten Gegenden der Vereinigten Staaten nicht gefunden werden, begrüsst. Die erste Strasse, die wir passirten, kann sich noch nicht einmal mit einer Alley in Cincinnati vergleichen. Sie ist nicht mehr als sechs bis acht Fuss breit und von beiden Seiten von Geschäftslokalen eingefasst, in die man sich ohne einen verlässlichen Eingeborenen nicht wagen darf.

Gleich nachdem wir das Thor passirt hatten, wurden unsere empfindlichen Geruchsnerven durch einen wahrhaft schrecklichen Ge-

MALAY VILLAGE   SINGAPORE   MALAYEN DORF

ruch und unsere Augen durch den ekelhaftesten Anblick beleidigt.
Ich hätte nie geglaubt, dass menschliche Wesen an einem solchen Orte
und unter solchen Verhältnissen leben können. Der Durchgang —
denn man konnte das kaum Strasse nennen, da ein Wagen dort nicht
zu passiren im Stande war — wimmelte von schmutzigen, zerlumpten,
kranken und wüst aussehenden Bettlern.

Es war ein schrecklicher Anblick! Diese unglücklichen Creaturen, von denen die meisten verstümmelt oder verkrüppelt sind,
waren mit Geschwüren bedeckt und lagen zusammengekrümmt
am Boden, von wo aus sie die Vorübergehenden um Hülfe an-
flehten.

Niemand hält an oder gönnt ihnen ein Wort, und wenn man
wirklich mildthätig genug ist, um ihnen etwas zukommen lassen zu
wollen, so wirft man die Geldmünze auf die Erde. Ein wüthender
Kampf entsteht dann unter den Bettlern darum und der Stärkste sackt
natürlich die Beute ein. Kein Mensch gibt ihnen Geld in die Hand,
da man sich vor Ansteckung fürchtet, denn Alles scheint hier an-
steckend und befleckend und selbst die Luft mit Ansteckungsstoff erfüllt zu sein. Es litt uns nicht lange in dieser Atmosphäre und wir
trieben unsere Coolies an, sich zu beeilen, um aus diesem Loche herauszukommen.

Das Geschrei und Gestöhn dieser Bettler ist oft herzzerreissend
und Alle sehen aus, als würden sie im nächsten Augenblick schon
verhungern. Ob das auf Wirklichkeit, oder Verstellung, beruht, ist
schwer zu unterscheiden, doch ist die Thatsache über allen Zweifel er-
hoben, dass daselbst grosses Elend herrscht. Natürlich wird auch hier,
wie überall, viel Betrug verübt, denn es ist ja bekannt, dass der Chinese eine besondere Vorliebe dafür hat, im Trüben zu fischen.

Aber je weiter wir kamen, desto schlimmer wurde es, wenn das
überhaupt noch möglich war. Es schien, als ob die ganze Stadt ein
colossales Pest-Hospital, oder Armenhaus, sei, denn kaum zeigte sich
hie und da ein Punkt, der eine Art Erholung bildete, wie ab und zu

ein schöner Laden, dessen Inhalt einen schreienden Contrast zu dem Bilde des Elends und Schmutzes draussen bildete.

Auf unseren Streitzügen fanden wir nicht eine einzige Strasse, die breiter war als acht Fuss. Wir hatten die Vorsicht gebraucht, für jeden von uns eine Sänfte zu miethen, die von zwei Coolies getragen wurde, und wie herzlich froh waren wir, so vernünftig gewesen zu sein. Es giebt keine Trottoirs, kein Pflaster und auch keine Spur von Abzugs-Canälen, so dass die Leute gezwungen sind, ihre Abfälle mitten in die Strasse hinein zu werfen.

Während unserer Reise durch die Stadt folgten uns fortwährend eine Unmasse von neugierigen Eingeborenen, deren Demonstrationen zu Zeiten alles andere, als wie Freundlichkeiten bedeuteten. Wir fühlten uns manchmal sehr unbehaglich, denn wir erwarteten Unannehmlichkeiten und waren gerüstet, uns zu vertheidigen. Doch war das glücklicherweise nicht nöthig.

Das Chinesen-Viertel in San Francisco, das sich des wenig beneidenswerthen Rufes erfreut, der schmutzigste und unsauberste Stadttheil in den Vereinigten Staaten zu sein, ist rein und wohnlich im Vergleich mit dem Eingeborenen-Viertel in Shanghai. Es ist absolut unmöglich, eine wirklich getreue Beschreibung des unsauberen Zustandes zu geben, in welchem diese Chinesenstadt sich befindet.

Es dauerte fünf volle Stunden, ehe wir Shanghai vollständig durchstreift hatten. Die einzigen wirklich interessanten Sehenswürdigkeiten sind die zahlreichen Buddhisten-Tempel, die mit wahrhaft abschreckend hässlichen Götzenbildern angefüllt sind. Viele dieser von Menschenhand geschaffenen Götter werden als die Wohnsitze abgeschiedener Priester, Herrscher, Volksführer und Lehrer betrachtet, zu deren Andenken ewige Flammen unterhalten werden. Wehe dem Priester, dem der Unterhalt dieser Flammen obliegt, und dem es mit oder ohne seine Schuld passirt, dass eines dieser Feuer ausgeht!

Die Priester, denen die Hut über diese Tempel obliegt, zeichnen sich besonders dadurch aus, dass sie unverschämte Bettler sind.

THE TALIPAT FAN PALM IN BUITENZORG   JAVA   DIE TALIPAT FÄCHER PALME IN BUITENZORG

A STREET IN BATAVIA   JAVA   EINE STRASSE IN BATAVIA

Während wir die vielen kuriosen und interessanten Sachen ansahen, wurden wir fortwährend von einer Rotte dieser Creaturen belästigt, die nicht etwa nur um eine Gabe baten, sondern in der frechsten und impertinentesten Manier verlangten, dass wir ihnen einen Theil unserer Baarschaft auslieferten. Während unserer fünfstündigen Wanderung besuchten wir sechs oder acht Tempel und in allen wurden wir in dieser Weise behandelt. Die Priester scheinen in der That Besucher nur zu dulden, um sie in unbarmherzigster Weise berauben zu können.

Als wir beim letzten Tempel angekommen waren, war unser Kleingeld bis auf 30 Cents zusammengeschmolzen, die wir einem der Priester gaben. Das war ein grosser Fehler von uns, denn da alle seine Collegen leer ausgingen, so fingen sie in einer so energischen Weise an zu protestiren, wie das nur ein Chinese thun kann. In ihrem ungezügelten Zorn brüllten und fluchten sie und benahmen sich wie Tolle. Wir konnten natürlich kein Wort verstehen, das gesprochen wurde, aber sahen doch ohne Hülfe unseres Führers, dass die Priester sehr unzufrieden waren. Obgleich sie sich zu Zeiten anstellten, als ob sie mit Gewaltthätig-keiten drohten, war doch der ganze Vorfall so ausserordentlich komisch, dass wir uns riesig darüber amüsirten. Wir hüteten uns jedoch zu lachen, oder auch nur das Gesicht zu einem Lächeln zu verziehen, um sie nicht noch mehr aufzureizen, da sie uns sonst wohl thätlich an-gegriffen haben würden.

Unser Führer war ein etwas wilder Geselle, ähnlich wie unsere "Roustabouts" zu Hause, und schien weder Furcht noch Achtung vor den Priestern zu empfinden, ja, wir hielten die Art und Weise, wie er diese geistlichen Räuber behandelte und mit ihnen sprach, für höchst ketzerisch. Er trat ihnen kühn entgegen und hielt ihnen eine Stand-rede, die grossen Eindruck auf sie zu machen schien. Ob er mit ihnen vernünftig, oder verächtlich, sprach, weiss ich nicht, jedenfalls hatte die Rede die erwünschte Wirkung, denn sie befreite uns für den Augen-blick von den Räubern und während Wong Kwai Ching unseren Rückzug deckte, retirirten wir schnell, ehe die Priester sich von ihrer Ueberraschung erholt hatten.

Als wir aus dem Tempel heraustraten, erwartete uns dort dieselbe Menschenmenge, die uns seit unserem Eintritt in die Stadt ge-
folgt war, nur noch durch neue Rekruten vermehrt. Sobald sie unserer ansichtig wurden, fingen sie an zu schreien und zeigten uns in
jeder Weise ihr Missvergnügen und ihren Hass. Sie umringten uns,
schwatzten fortwährend wie Idioten und schienen sich mit aller Gewalt
in eine Wuth hineinreden zu wollen. Von da an bis wir wieder aus
den Thoren heraus waren, fürchteten wir jede Minute angegriffen zu
werden und wir athmeten erleichtert auf, als wir das Aussenthor erreicht hatten.

Das europäische Shanghai, das in das französische, englische und
amerikanische Viertel zerfällt, ist ohne Zweifel das grösste Geschäfts-
Centrum des fernen Ostens, selbst Hong Kong nicht ausgenommen,
obgleich dort, da es günstiger gelegen, mehr Schiffe einlaufen. In dem
europäischen Shanghai giebt es viele grosse und prächtige Gebäude, von
denen besonders das Consulat von Grossbritannien, mehrere der Bank-
gebäude und das Haus des Shanghai Clubs wahrhaft grossartig sind.

Während der "Saison" ist die Gesellschaft in Shanghai in eben-
solcher Aufregung wie in London, oder anderen grossen Städten. Die
Regeln der Etiquette werden streng eingehalten und die Mode herrscht
unbeschränkt. Viele englische Vollblut-Aristokraten sind in Shanghai
ansässig und behalten hier ihre gesellschaftlichen Gewohnheiten und
Satzungen vollständig bei. Ihre "Receptions," Diners, Soireen und
Feste sind daher sehr aristokratisch.

Der Handel Shanghai's ist enorm. Die Ein- und Ausfuhr für
das Jahr 1884 belief sich, wie die amtlichen Register ausweisen, auf
$180,000,000. Gut vier Fünftel dieses Umsatzes kommen auf britische
Unterthanen, deren Regierung ihnen jeden nur möglichen Vorschub
leistet.

Es giebt auch einige amerikanische Häuser hier, die ihren vollen
Antheil am Geschäfts-Umsatze haben.

Im Jahre 1884 legten im Hafen Schiffe an, die insgesammt vier

SCENE IN CEYLON   INDIA   SCENE IN CEYLON

Millionen Tonnengehalt repräsentirten, aber ich muss leider hinzufügen, dass nur ein sehr kleiner Procentsatz dieser Schiffe unter amerikanischer Flagge fuhr.

Im Osten herrscht England unumschränkt, während die Vereinigten Staaten kaum zu bemerken sind und keinen beneidenswerthen Platz einnehmen. Es wäre zu wünschen, dass unser Congress sich einmal mit eigenen Augen vom wahren Stande der Dinge in diesen östlichen Ländern überzeugte, um zu sehen, welche untergeordnete Rolle dort die "grösste Nation der Welt" spielt. Vielleicht würde er sich dann dazu verstehen, die Millionen, welche unberührt im Schatzamte liegen, zur Herstellung einer tüchtigen Kauffahrtei- und Kriegs-Flotte zu benutzen. Auf die Art könnte der Nation im Auslande Achtung verschafft und dadurch der Export-Handel gefördert werden.

Die Thatsache, dass unter dem jetzigen ärmlichen Bestande von Schiffen die Vereinigten Staaten nicht mit den anderen grossen Nationen der Erde concurriren können, lässt sich nicht verheimlichen und je eher man in der Union zu dieser Einsicht gelangt, je schneller dem so häufigen Rufe um Hülfe Folge geleistet wird, desto besser wird es für die Nation und deren Handel sein.

Es steht ausser allem Zweifel und ist eine anerkannte Thatsache, dass die Vereinigten Staaten früher oder später gezwungen sein werden, in den Weltmarkt einzutreten, um ihren Ueberschuss von Fabrikaten und Landesproducten los zu werden, und das Land sollte für diese Eventualität vorbereitet sein.

Das beste Bild und die genaueste und wahrheitsgetreueste Beschreibung der Chinesen, ihres Characters und ihrer Religion findet man in dem nachstehenden Artikel des Rev. Geo. L. Mason von Ning-Po. Der Artikel ist "Chinesische Falschheiten" überschrieben und erschien in der Januar-Nummer des "Star of the East," einer bedeutenden Missions-Zeitung, die in Shanghai herausgegeben wird. Der Artikel lautet:

"Ob Falschheit eine Universal-Untugend in allen heidnischen

Ländern ist, oder nicht, so steht so viel doch unumstösslich fest, dass sie das allgemein verbreitete Laster der Chinesen ist. Und dabei hält man es nicht einmal für ein Laster. Bei Streitigkeiten werfen die Leute sich alle anderen Sünden vor, nur nicht die Lüge. Es ist keine Beleidigung, ein Lügner genannt zu werden, denn man erwartet von einander weder Wahrheit, noch Aufrichtigkeit. Falschheit ist nur ein Unrecht, wenn sie einen Anderen wirklich schädigt. Die gewöhnlichen Höflichkeits-Phrasen sind voll von hohlen Complimenten und eigener Herabsetzung, die nicht aufrichtig gemeint sind. Um Herrn Sing zu fragen, wo er wohnt, muss man fragen, wo sein Palast sich befindet, und er wird antworten, dass seine niedere Hütte sich dort und dort befindet. Selbst die Geschäfts-Schilder lügen. Ueber einer Opiumhöhle kann man sicher allerlei Symbole edler Anschauungen, wie der "Rechtlichkeit" und "Tugend," finden. Menschen und Dinge bemühen sich so zu erscheinen, wie sie nicht sind. Gemüse und Früchte sind wässerig, das Fleisch im Schlächterladen ist mit Luft aufgeblasen. Anscheinend solide Mauern sind hohl. Viele reiche Leute kleiden sich in Lumpen, um den Steuer-Einnehmer und hungrige Borger zu täuschen. Die Armen erscheinen am Neujahrstage und bei Hochzeiten in erborgten seidenen Gewändern. Eine Rolle mit hundert Geldstücken enthält immer nur neunundneunzig, ja im Norden ist man so höflich, fünfzig hundert zu nennen. Wenn man ein Geschenk erhält, so geschieht das in der Voraussetzung, dass man ein gleich grosses, oder noch werthvolleres, Geschenk zurückgiebt.

Die chinesische Militärmacht ist eine lächerliche Farce. Pulver, Lärm und mehr Fahnen als Bajonette machen hier eine Armee aus. Man sagt, dass ein Mann vom Donner erschlagen wurde, nicht vom Blitze. Ein General giebt seine Garnison auf Tausende an, während er in der That nur einige Hundert Mann zur Verfügung hat.

Bei Inspectionen ist jedoch fast immer die vorgeschriebene Anzahl vorhanden, da man für diesen Zweck eine Anzahl Herumlungerer aus den Theehäusern holt und sie in Uniformen steckt, die extra dazu stets bereit gehalten werden. Ein junger Chinese, der früher an der Harvard Universität studirte und sich jetzt für den Dienst in der Armee vorbereitet, schreibt mir ein Klagelied über seine Lage. Er sagt: "Es liegt mir gar nichts daran, ein Mandarin zu sein, denn um im Regierungsdienste Carriere zu machen, muss man lügen, schmeicheln und unehrlich sein; und das kann ich nicht." Die politische Schwäche von China ist nicht seine Unwissenheit, oder seine Armuth, oder seine unvollständige Ausrüstung, (die letztere bessert sich zuschends) sondern der vollständige Mangel wahrheitsliebender Leute unter Denen, die an der Spitze der Regierung stehen. Das officielle Organ, die sogenannte "Pekin Gazette," giebt keineswegs eine wahrheitsgetreue Darstellung der Thatsachen. Es ist ein politisches Amtsblatt, dem man nur Glauben schenken kann, wenn man Grund hat, es für glaubwürdig zu halten.

"Das Gerichts-System ist ein grausamer Betrug. Niemand erwartet Gerechtigkeit. Mexicanische Dollars sind das einzige Beweismittel, das Wirkung hat. Die Richter sind vielleicht noch eher zu entschuldigen, denn es ist nahezu unmöglich die Wahrheit zu ergründen. Zeugen werden unbarmherzig geprügelt, damit sie die Wahrheit, oder eine Lüge, sagen, je nachdem der Fall es erfordert. Der Kläger und der Verklagte wetteifern mit einander, wer die meisten Lügen erfinden kann. Eines unserer Gemeinde-Mitglieder wurde verhaftet, weil es einen Baum umgeschlagen hatte, den ein anderer Mann als sein Eigenthum reclamirte; die Anklage lautete aber auf Diebstahl von zwölf Bäumen! Wenn Jemand zu fünfhundert Stockschlägen verurtheilt ist, kann er sich davon loskaufen, da der mit der Ausführung des Urtheils betraute Beamte für eine Summe Geldes die Strafe so ertheilt, dass er die Bewegungen des Schlagens macht, ohne dem Delinquenten weh zu thun. Aber wehe dem Missethäter, der kein Geld hat! Er wird auf's grausamste geprügelt.

"Chinesische Bildung ist eine Falschheit—so sagen erfahrene Pädagogen wie Doctor Mateer. Selbst wenn eine literarische Würde

von einem Chinesen nicht mit Geld erkauft wurde, so besteht seine
Bildung im besten Falle nur in einer Eintrichterung von Worten.
Man bestrebt sich nicht, die Wahrheit zu erfahren. Das Gedächt-
niss ist Alles, Denken gilt gar nichts. Ein zwölfjähriges Schulmäd-
chen im Westen weiss mehr von Naturwissenschaften und allgemeiner
Geschichte, als ein gewöhnlicher chinesischer Gelehrter.

"Der grösste Theil der chinesischen Religion ist in der prac-
tischen Ausführung ein falscher Schein, der offen zu Tage liegt.
Die Leute lachen über ihre Götzen. Die buddhistischen Priester
sagen, ohne zu erröthen, dass sie Priester sind, um Reis essen zu
können. Keiner fragt: "Wo liegt die Wahrheit?" sondern: "Was
ist gebräuchlich?" Ihre vielgepriesene Elternliebe ist eine Illusion.
Es ist ganz einerlei, wie wenig der Sohn den Pflichten der Dank-
barkeit gegen den noch lebenden Vater nachkömmt, wenn er nur
fleissig Weihrauch verbrennt, Dollars, von Zinn gemacht, und Nahrungsmittel opfert, nachdem der Vater gestorben ist, dann gilt er als
ein liebevoller Sohn.

"Aber man muss nicht glauben, dass die Chinesen unwider-
ruflich unwahr sind und alle ihre Einrichtungen nur auf falschem
Scheine beruhen. Die Anbetung falscher Götzen, die seit Jahrhun-
derten betrieben wird, hat den Character und die Sitten mit Falschheit durchzogen. Es existirt aber für das Werk des Evangeliums
eine solide Grundlage, denn sonst hätten ihre Sitten und Gewohnheiten nicht Jahrtausende hindurch dem Andrange des Zeitgeistes
widerstehen können. Wir kennen viele Chinesen, welche von der
Liebe zur Wahrheit durchdrungen sind, und deren Charactere und
Lebenswandel sich merklich von denen der sie umgebenden Heiden
unterscheiden. Deswegen sind wir guten Muthes und arbeiten weiter."

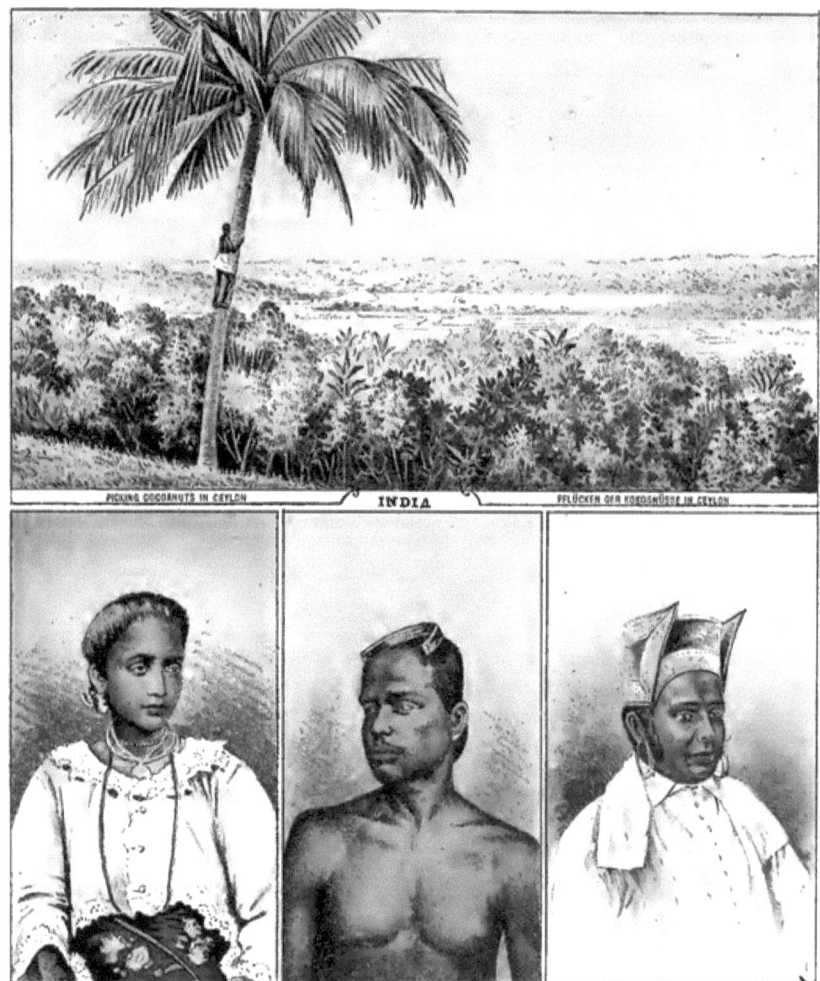

PICKING COCOANUTS IN CEYLON — INDIA — PFLÜCKEN DER KOKOSNÜSSE IN CEYLON

SINGHALESE GIRL
SINGHALESISCHES MÄDCHEN — INDIA

SINGHALESE MAN
EIN SINGHALESE — INDIA

CEYLON STAMPVENDER
DER STEMPELVERKÄUFER IN CEYLON

Sechstes Kapitel.

In Hong Kong und Umgegend.

M 5. Februar 1885 verliessen wir Shanghai. Der Dampfer "Kow Shing" lichtete um drei Uhr Nachmittags die Anker und wir befanden uns auf der Reise nach Hong Kong. Der "Kow Shing," ein neuer, elegant eingerichteter Dampfer, stand unter dem Commando des Capitän Webster und gehörte zu der Linie "Messageries Maritimes" (Französische Postdampfer). Er fuhr aber unter der englischen Flagge und war auch wirklich ein englisches Schiff, das nur von den "Messageries Maritimes" gechartert worden war.

Der französisch-chinesische Krieg war die Ursache davon, denn während desselben hätte ein unter französischer Flagge segelndes Schiff allerlei Unannehmlichkeiten zu bestehen gehabt. Shanghai war gegen französische Schiffe blockirt und die Dampfer-Compagnie daher genöthigt, derartige Massregeln zu ergreifen, um ihre Frachten und Postsachen nach Shanghai und Yokohama befördern zu können.

Capitän Webster's Renommee als Schiffsofficier ist längst begründet, und seine sonstigen Vorzüge werden mit Vergnügen gewiss von Allen attestirt werden, die je mit ihm in Berührung kamen. Unsere drei Tage dauernde Reise von Shanghai nach Hong Kong war eine höchst genussreiche. Wir sahen Foo-Chow, das von den Franzosen kurz vorher bombardirt worden war und passirten Amoy auf Schweite. Das Wetter war wunderschön, die See spiegelglatt und die Behandlung auf dem Schiffe ausgezeichnet. Ausser uns waren nur noch zwei Kajüten-Passagiere an Bord, Kaufleute von Shanghai, die eine Geschäftsreise machten. Der eine war Makler und der andere ein Tuchhändler. Sie verdienten unter allen Umständen die Krone als klatschsüchtige Schwätzer. Von Morgens an, sobald sie sichtbar wurden, bis sie sich Nachts zu Bette legten, thaten sie nichts als Klatschen und sich um andere Leute kümmern. Ihr Geklatsch verschonte Niemanden und umfasste sociale, commercielle, politische und religiöse Themata. Niemand entging ihrer Kritik und ihrer Zunge; weder die unschuldige Jungfrau, noch die würdige Matrone, ja selbst die eigenen Töchter und Gattinnen wurden von den rücksichtslosen Kreaturen unbarmherzig durch die Hechel gezogen. Wir hörten Unterhaltungen zwischen ihnen, die geradezu empörend waren, und hielten uns auch schon nach einer Bekanntschaft von nur wenigen Stunden vollständig entfernt von ihnen; wir zogen die Gesellschaft des Capitän Webster, der uns mit seinen Seemanns-Geschichten unterhielt, vor. Derselbe ist ein jovialer alter Seebär und erzählte uns mit besonderer Vorliebe von aufregenden Dampfer-Wettfahrten zwischen Shanghai und Tien-tsin, aus der Zeit, als der "Kow Shing" noch der "Tien-tsin" Linie angehörte. Natürlich ging der "Kow Shing" in den Erzählungen des Capitäns stets als Sieger hervor, und hatte seit jener Zeit den Titel "der grosse Unbesiegbare" erhalten. Auf dem "Kow Shing" war man vorzüglich aufgehoben. Die Kajüten waren gross und luftig, der Speise-Salon elegant möblirt und der Wandschrank des Capitän's, zu dem wir freien Zutritt hatten, war angefüllt mit den besten Marken

RAILROAD TO KANDY, (CEYLON)

INDIA

EISENBAHN NACH KANDY, (CEYLON)

französischer und italienischer Weine, den vorzüglichsten Bieren Englands und Deutschlands und den weltberühmten Produkten amerikanischer Destillerien. Die Speisen waren in grosser Menge vorhanden und ausgezeichnet zubereitet. Das Küchen-Personal, lauter Chinesen, bestand aus hübschen Leuten, die ausserordentlich gefällig und geschickt in der Zubereitung der Speisen waren, welche sie auch sehr geschmackvoll zu serviren verstanden. Unser Appetit verliess uns nie, so dass das Hammelfleisch von Shanghai und das japanesische Rindfleisch, das dem besten amerikanischen gleichkam, an uns grosse Verehrer fanden. Der Koch, Yee Loi, sah bald, dass das genannte Fleisch für uns ganz besonderen Reiz besass und kaum hatte er diese Entdeckung gemacht, als er sein Bestes versuchte und alle seine culinarischen Kenntnisse in Requisition brachte, um zu zeigen, in wie vielen verschiedenen Arten er diese beiden Fleischsorten zu serviren verstand. Er erntete unseren Dank und natürlich auch noch substantiellere Anerkennung seiner Kochkunst.

Die Manuschaft, welche Capitän Webster in Tien-tsin eingemustert hatte, bestand aus lauter ausgesuchten Leuten. Sie waren seefest und brillant einexercirt, so dass sie im Falle der Noth sich gewiss als zuverlässig erwiesen haben würden.

Eine Eigenthümlichkeit des Characters der Chinesen ist ihre Clan-Anhänglichkeit, die mehr oder weniger Jeden in seinem Benehmen gegen Andere beeinflusst. Sowie irgendwo Chinesen aus verschiedenen Landestheilen aufeinanderstossen, giebt es sofort Unfrieden, und Verträglichkeit, oder harmonische Thätigkeit, sind ausser Frage. Sie zanken und streiten fortwährend und vernachlässigen darüber ihre Arbeit, auch wenn sie noch so wichtig ist, nur um sich in einen Wortstreit einzulassen. Auch ist es nichts Ungewöhnliches, dass sie sich thätlich aneinander vergreifen. Nie können sie friedlich mit einander leben und meistens verursacht ihre gegenseitige Feindseligkeit ernstliche Conflicte. Es ist deshalb bei der Anwerbung einer Schiffs-Manuschaft von höchster Wichtigkeit, dass Alle aus derselben Stadt sind, weil man sonst nie vor Ruhestörungen sicher ist. Diese würden unfehlbar folgen, wenn ein einziger Mann aus einer anderen Stadt darunter wäre. "Ich würde unter keinen Umständen eine gemischte Mannschaft mitnehmen," sagte Capitän Webster, der schon viele Jahre lang auf den östlichen Gewässern gefahren war; "denn es ist unmöglich ein Schiff ordentlich zu führen, wenn die Leute aus verschiedenen Landestheilen kommen." Ein Chinese aus Tien-tsin wird sich niemals mit einem solchen aus Shanghai, oder Amoy, befreunden, und die Anstellung von Bewohnern Canton's und Swatow's in ein und derselben Dienstbrauche würde höchst unbefriedigende Resultate erzielen. Die Gehässigkeit gegen Leute aus einem anderen Landestheile kommt nur der gegen alle Ausländer gleich.

Am Morgen des dritten Tages unserer Reise kamen die unzähligen kleinen Inseln in Sicht, die um Hong Kong herum zerstreut liegen. Dieser Theil des chinesischen Meeres gleicht der bezaubernden Suwonada von Japan, da derselbe ebenfalls mit reizenden kleinen Inseln in den merkwürdigsten Gestaltungen bedeckt ist. Heller Sonnenschein und ein klarer blauer Himmel lachten über uns, als wir in die enge Fahrstrasse einfuhren; wir sahen daher dieses schöne Panorama in prachtvollster Beleuchtung und so deutlich, dass uns keine einzige der zahllosen Schönheiten verloren ging. Die Haupt-Einfahrt in den Hafen von Hong Kong, vom Norden her, ist sehr eng und ausserordentlich gefährlich. Die Einfahrt erscheint so schmal, dass man glaubt, selbst mit dem kleinsten Dampfer nicht durchfahren zu können. Erst als wir ganz nahe herangekommen waren, wurde der glitzernde Streifen Wasser breiter und breiter, und bald hatten wir die Einfahrt hinter uns und warfen Anker im Hafen von Hong Kong, an der Seite des grossen Dampfers "Djemnah," der, ebenfalls den "Messageries Maritimes" gehörig, nach Marseille bestimmt und im Begriff war, noch an demselben Nachmittag um 3 Uhr abzusegeln.

Unser Anker wurde um punkt 10 Uhr fallen gelassen, so dass wir die Reise in 67 Stunden zurückgelegt hatten.

Das Verdeck des "Djemnah" bot ein äusserst malerisches Bild. Hunderte von französischen Soldaten, Turcos und Zouaven aus Algiers, sowie reguläre Infanterie und Cavallerie aus dem Mutterlande, lagerten in grösseren und kleineren Gruppen umher und boten mit ihren verschiedenen, aber durchweg kleidsamen, Uniformen ein farbenprächtiges und schönes Bild. Die Meisten waren krank, und ein sofortiger Wechsel des Klima's war nöthig, um ihre zerrüttete Gesundheit wieder herzustellen. Viele waren in den jüngst in Tongking mit den Chinesen geschlagenen Schlachten verwundet worden und wurden nach Hause geschickt, wo sie bessere Pflege und ärztliche Behandlung erhalten konnten, als im Felde.

Der Anblick von Hong Kong, mit dem grossen Victoria Park im Hintergrunde, sowie dem von mindestens hundert Schiffen bedeckten Hafen, welche die Flaggen fast aller Nationen der Welt zeigten und den Tausenden von kleinen einheimischen Fahrzeugen, war wahrhaft grossartig. Der Hafen ist einer der schönsten der Welt und ist zehn Quadratmeilen gross.

Wir begaben uns in ein kleines chinesisches Boot, das ganz aussah wie ein japanesischer Sampan, und in wenigen Minuten setzten wir unseren Fuss an's Land und betraten Hong Kong. Das Hong Kong Hotel, an dessen Eigenthümer, einen Amerikaner, Namens Greeley, aus Washington D. C., wir Empfehlungsbriefe hatten, war so überfüllt, dass wir unser Quartier im Victoria Hotel, welches von einem Chinesen, in Verbindung mit einem ostindischen Parsen geführt wird, aufschlagen mussten. Hier überraschten uns die äusserst eleganten Zimmer, die uns angewiesen wurden. Wir bewohnten zwei grosse Frontzimmer im zweiten Stock, deren Fenster nach der Queen's Road, der Haupt-Geschäftsstrasse, hinausgingen. Von der Veranda, auf die wir direct aus unseren Zimmern traten, konnten wir das rege Leben und Treiben dieser höchst interessanten Stadt genau beobachten und studiren; stundenlang konnten wir, ohne zu ermüden, dort sitzen und die stets wechselnden Scenen vor unseren Augen vorüberziehen lassen.

Hong Kong ist eine englische Colonie, für die das Mutterland colossale Summen Geldes verwendet hat. Eigentlich heisst die Stadt Victoria, der Name wird aber nur höchst selten gebraucht, und mit Hong Kong bezeichnet man sowohl die Stadt als auch die Insel.

Die Regierungs-Gebäude und die Kasernen sind grosse, imposante Bauten. Im europäischen Viertel sieht man viele schöne Geschäftshäuser und Privat-Wohnungen, die der Stadt das Ansehen von Wohlhabenheit und Gedeihen geben.

"Happy Valley," das reizend in einer wundervollen Vertiefung zwei Meilen vom Mittelpunkte der Stadt gelegen ist, bietet einen höchst interessanten Anblick. Eine Anzahl von Friedhöfen liegen auf einer Seite der Fahrstrasse, während auf der anderen eine Rennbahn dem Auge einen angenehmen Ruhepunkt bietet.

Die öffentlichen Gärten sind sehr gross und prachtvoll angelegt. Fast die ganze Bevölkerung dieser Metropole des Ostens kommt hier des Abends zusammen und lauscht der von den vortrefflichen Militär-Kapellen gelieferten Musik. Die Concerte beginnen fast immer mit einem Militär-Marsch, worauf hübsche Tanzmusik und Selectionen aus Opern folgen. Den Schluss bildet stets die englische National-Hymne: "God save the Queen!"

Wir bestiegen den Victoria Peak, der ungefähr 1714 Fuss hoch ist und gleich hinter der Stadt steil aufsteigt, indess mühten wir uns nicht mit Bergsteigen ab, sondern liessen uns von je vier Coolies in Sänften herauf und herunter tragen. Der Ausflug nach dem Gipfel des Berges ist sehr lohnend, denn die Aussicht auf die zu Füssen liegende Landschaft ist geradezu grossartig.

Die Stadt-Viertel, in welchen die Eingeborenen wohnen, enthalten ungefähr 150,000 Einwohner und stehen weit über denen in Shanghai. Die Häuser sind grösser und die Strassen breiter und reiner

BATHING IN THE GANGES AT BENARES   INDIA   BADEN IM GANGES BEI BENARES

gehalten, da sie unter der Obhut eines tüchtigen und strengen Gesundheitsrathes stehen. Der allgemeine Eindruck ist entschieden ein bedeutend freundlicherer, als der von Shanghai.

In zahllosen kleinen Booten, die an den Ufern liegen, wohnen Tausende von Familien und gedeihen dort ganz wunderbar.

Die Bedeutung Hong Kong's geht aus den folgenden statistischen Angaben hervor:

Im Jahre 1883 betrug die Gesammt-Bevölkerung ungefähr 160,000 Personen, darunter 7990 Britten und andere Ausländer. Von den letzeren waren indessen nur 3040 wirkliche Bewohner der Stadt, da die im Dienste befindlichen Beamten und andere nur zeitweilige Einwohner eigentlich nicht mitgerechnet werden sollten.

Die Ostindier und andere Mischlinge zählten 1722 Köpfe..

Ueber 25,000 Schiffe mit einem Gesammt-Tonnengehalt von 5,000,000 liefen im Hafen ein.

Hong Kong ist ein Freihafen, es ist daher nicht möglich, den genauen Betrag der Ein- und Ausfuhr anzugeben; man hält ihn jedoch für ebenso gross als den von Shanghai.

Die Einkünfte der Colonie für das Jahr 1885 betrugen $1,212,188 und die Ausgaben $1,150,801.

Siebentes Kapitel

Von Hong Kong nach Canton und Macao und zurueck.
Von Hong Kong nach Singapore.

THE RAJAH'S ELEPHANT   INDIA   DER ELEPHANT DES RAJAH'S

THE TAJ AT AGRA   INDIA   DIE TAJ IN AGRA

oɴ Hong Kong aus unternahmen wir zwei Ausflüge, einen nach Canton und den anderen nach Macao. Die Fahrt nach Canton machten wir auf dem Dampfer " Powan," der vom Capitän Lefavour commandirt wurde. Die Entfernung beträgt 88 Meilen. Wir wagten uns nicht sehr weit in die Stadt Canton hinein, weil uns verschiedene Reisegefährten, die es nicht für sicher hielten, davon abriethen. Die Eingeborenen empörten sich nämlich vor einigen Jahren gegen die Europäer und hassen diese seit jener Zeit so intensiv, dass es gefährlich ist, näher mit ihnen in Berührung zu kommen.

Der Canton Fluss ist meilenweit mit Zehntausenden von kleinen Booten und chinesischen Dschunken, in denen über 300,000 Menschen ihren Wohnsitz aufgeschlagen haben, bedeckt. Die Gesammt-Bevölkerung Canton's beträgt 1,600,000.

Die Fahrt nach Macao und zurück war prachtvoll. Wir machten sie mit dem Dampfer " Kiukiang." Macao ist eine portugiesische Colonie in der Nähe der chinesischen Küste und etwa vierzig Meilen von Hong Kong entfernt. Es ist ein lohnender Ausflug für

Reisende und Touristen, die beim Einfahren in den Hafen eine prachtvolle Aussicht auf die malerische Landschaft geniessen.

Die Forts auf den Anhöhen geben der Stadt ein sehr kriegeri-
sches Ansehen, obgleich sie bei einem Angriffe durch Kriegsschiffe der
Jetztzeit wahrscheinlich sehr wenig nützen würden.

In Hingkee's Hotel, das nach der See zu liegt, waren wir ausgezeichnet aufgehoben. Der Eigenthümer tischte uns prächtige Mahlzeiten auf und unsere Zimmer waren sehr gut; es wurde uns dafür $4
per Tag und Person berechnet.

Wir durchstreiften die Stadt, die sehr hügelig ist und viele enge
Strassen hat, in Sänften, die von je zwei Coolies getragen wurden. Die
Strassen werden sehr rein gehalten und viele der grösseren Häuser sind
mit grellen Farben angestrichen. Die Regierungs-Gebäude können
sich mit denen in Hong Kong nicht vergleichen. Die Wohnung des
Gouverneurs aber und ihre Umgebung imponirte uns durch ihre Schönheit ungemein. Auch einige alte Kirchen und die katholische Cathe-
drale erregten unser Interesse.

Das grossartige Geschäft, welches früher hier gemacht wurde,
ist, gerade so wie das von Canton, von Hong Kong an sich gerissen
worden. Macao ist daher als Handelsstadt von sehr untergeordneter Bedeutung. Heutzutage beträgt der Werth der Gesammt-Ausfuhr von
Macao kaum $1,000,000 per Jahr.

Die Bevölkerung Macao's zählt, wie die letzten Ausweise er-
geben, 63,532 Chinesen, 4476 Portugiesen und 78 Angehörige anderer
Nationen, also im Ganzen 68,086 Seelen. Die Haupt-Einkünfte be-
zieht die Regierung von einem Hazardspiel, Fan-tan genannt, das dort
ebenso ungenirt betrieben wird, wie Rouge et noir, Roulette und die
anderen Hazardspiele in Monaco.

Es werden jährlich colossale Summen verloren und gewonnen,
und die Fremden, welche Macao besuchen, um ihr Glück zu probiren,
müssen meistens Haare lassen. Die "Globe-Trotters," wie die Reisenden, welche eine Reise um die Welt machen, genannt werden, fallen

gewöhnlich den Fan-tan-Hyänen am leichtesten zum Opfer und viele von ihnen können zu ihrem Leidwesen interessante Geschichten über Macao erzählen.

Obgleich wir mehr als ein Dutzend solcher Spielhöllen besuchten und unser Führer sein Bestes that, um uns zu überreden, unser Glück "wenigstens einmal" zu versuchen, liessen wir uns nicht verleiten, sondern hielten uns von dieser "Kapital-Anlage" fern.

Nachdem wir unsere Neugierde in Macao vollständig befriedigt hatten, kehrten wir nach Hong Kong zurück, wo wir sofort Anstalten trafen, um nach Singapore weiterzureisen. Wir nahmen auf dem englischen Dampfer "Achilles," von der Ocean Steamship Co. von London, welche gewöhnlich die "Blue Funnel Line" genannt wird, Passage.

Am 12. Februar 1885, einen Tag nach unserer Rückkehr von Macao, dampften wir schon wieder weiter. Glücklicherweise war unsere Furcht, dass wir von einem "Typhoon," oder "Simoon" — einem starken Tornado oder Orkan — überfallen werden würden, da diese in jenen Gewässern sehr häufig vorkommen, unbegründet. Wir hatten noch nicht einmal den Anflug eines kleinen Sturmes.

Mit Ausnahme von wenigen hohen Wellen bei der Ausfahrt aus dem Hafen von Hong Kong und einiger Stunden am vierten Tage unserer Reise, in denen das Schiff stark rollte, hatten wir eine aussergewöhnlich günstige Fahrt.

Auf diesem Dampfer fühlten wir aber zum ersten Male die tropische Hitze, und besonders des Nachts, wenn wir uns in die engen, schlecht ventilirten Kajüten begaben, litten wir schrecklich von derselben. Viele Officiere und Matrosen, ebenso einige Passagiere, schliefen auf Deck. Wir hätten das auch gethan, der Schiffsarzt rieth uns aber ab, da wir noch nicht acclimatisirt genug seien, um die Nachtluft, welche Fremden äusserst gefährlich ist, vertragen zu können. Wir litten daher lieber die drückende Hitze und stickige Luft unter Deck, als dass wir unsere Gesundheit in der Nachtluft auf's Spiel gesetzt hätten.

Der " Achilles " gehörte nicht zu den besten Dampfern, denn die Kajüten waren klein und eng und das Essen nicht der Art, um den Appetit zu reizen. Die Nahrungsmittel waren von Hause aus nicht besonders gut und zudem noch schlecht zubereitet. Unsere erste Erfahrung mit der englischen Küche war also eine gründliche Enttäuschung. Trotz dieser Uebelstände war die Fahrt aber doch eine sehr angenehme. Capitän Anderson und seine Officiere, so wie auch die Matrosen, die alle von den brittischen Inseln herkamen, waren äusserst zuvorkommend und jovial. Am Tage unterhielten die Officiere uns mit "Shuffle Board" und Ringwerfen und Abends gaben die Matrosen ganz nette Gesangsvorträge und Tänze zum Besten, wobei wir uns sehr amüsirten. Bei Tische war Capitän Anderson, der sehr viel las und besonders die amerikanischen Schriftsteller bevorzugte, der Wortführer. Er sprach unaufhörlich und citirte mit Vorliebe aus Longfellow's "Evangeline," oder "Der Sang von Hiawatha," oder er erzählte irgend eine komische Episode aus Mark Twain's "Innocents abroad," oder " Tom Sawyer," oder " Huckleberry Finn." Diese Citate wurden aber manchmal durch Seemanns-Geschichten ersetzt, die er sehr hübsch zu erzählen verstand. Der Capitän unterhielt uns auf diese Weise nicht nur, sondern bewirkte auch, indem er unsere Gedanken auf seine Unterhaltung ablenkte, dass wir vergassen, wie schlecht und unverdaulich das Essen war, das uns vorgesetzt wurde. So aber assen wir es, ohne daran zu denken, wie schlecht es eigentlich war.

Unsere Reisegefährten waren ein junger Engländer, mit seiner Frau und einem kleinen Sohne, sowie eine reizende Wittwe mit vier kleinen Kindern. Sie hatten mehrere Jahre in Tien-tsin gewohnt und machten eine Vergnügungsreise nach ihrem Vaterlande, England. Die jungen Eheleute waren so verliebt in einander, dass sie nichts Anderem irgend welche Aufmerksamkeit schenkten. Sie waren entschieden unzugänglich. Ihren kleinen zweijährigen Sohn, ein reizendes und kluges Kerlchen, hätten wir vielleicht lieb gewonnen, wenn er nicht die Gewohn-

VIEW OF CALCUTTA

INDIA

ANSICHT VON CALCUTTA

heit gehabt hätte, uns jede Nacht unseren Schlaf zu stehlen, indem er stundenlang aus vollem Halse schrie, als ob er am Spiesse stäke.

Die Wittwe war die Hinterbliebene eines englischen Civilbeamten in Tien-tsin, der etwa sechs Monate vorher das Zeitliche gesegnet hatte. Ihre Familie bestand aus zwei bösen Buben im Alter von 6 und 8 Jahren und zwei wunderhübschen Zwillingstöchtern von etwa 3 Jahren. Die letzteren hatten rosige Wangen, blonde Haare und prächtige blaue Augen und waren die erklärten Lieblinge aller an Bord des " Achilles" befindlichen Personen.

Alles in Allem genommen sind die fünf Tage, welche diese Reise dauerte, nicht gar zu schlimm gewesen und die angenehmen Stunden, die wir an Bord des " Achilles" verlebten, werden von uns nicht so leicht vergessen werden.

Am 17. Februar 1885, gegen Mittag, kamen wir in Singapore an und bald war unser Schiff am Dock der Tanjong Pagar Compagnie festgemacht. In unmittelbarer Nähe dieses Landungsplatzes besitzt die Ocean Steamship Company, welcher der " Achilles" gehörte, grossartige Tabacks-Magazine, die " Godowns" heissen. Diese bedeutende Gesellschaft controllirt den ganzen Tabacks-Transport dieses Welttheiles und besitzt zahlreiche Dampfer, die den Taback von Sumatra und anderen Plätzen nach den Magazinen in Singapore bringen, von wo aus derselbe dann in grössere Dampfer umgeladen wird, um nach London, oder Liverpool, geschafft zu werden. Von dort aus wird er dann über ganz Europa und nach Amerika an die Consumenten verschickt.

Es war beinahe zwei Uhr, als wir das Hotel de l'Europe erreichten. Dasselbe liegt prachtvoll nach dem Hafen zu und direct hinter den öffentlichen Anlagen, ungefähr eine Meile von den Docks entfernt. Ehe ich über unsere Erlebnisse berichte, will ich eine Beschreibung der Stadt, sowie der Insel Singapore geben.

Die Stadt liegt an der Südküste der Singapore Insel, in 1° 16' nördlicher Breite und 103° 55' östlicher Länge. Die Insel ist 27 Meilen lang und 14 Meilen breit; sie liegt gerade der Südspitze der malayischen Halbinsel gegenüber. Die Bevölkerung der Insel betrug im Jahre 1881 139,208 Seelen, wovon 86,766 Chinesen und 22,114 Malayen waren. Der Census von 1883 stellte die Bevölkerung auf 145,500 Seelen fest, unter denen sich 1500 Klings von Ceylon, sowie Parsen und Araber befanden, ferner 2768 Europäer, meistens Engländer und Deutsche, mit inclusive 783 Militärpersonen. Die Eurasier, oder Halbkasten, zählten 3094 Seelen. Die Stadt selbst hat über 100,000 Einwohner und ist der Sitz der Regierung der "Straits Settlements," eine der wichtigsten englischen Colonieen in Ostindien. Sie hat einen grossartigen Handel, denn die Berichte für 1883 zeigen einen Gesammt-Umsatz von $79,475,687 Einfuhr und von $68,174,220 Ausfuhr. Die Einkünfte betrugen $2,006,600 und die Ausgaben $1,978,726.

In dem europäischen Stadtviertel befinden sich nur wenige schöne Gebäude. Die aus Steinen aufgeführten Wohn- und Geschäftshäuser, "Hongs" genannt, sind nicht annähernd so schön, wie die in Shanghai und Hong Kong. Die Wohnhäuser der besser situirten Europäer befinden sich in den Vorstädten und sind durch vortreffliche Fahrwege mit der Stadt verbunden. Begünstigt durch den üppigen tropischen Blätterreichthum sind die letzteren schattig und ist eine Fahrt auf denselben, besonders am frühen Morgen, ein wahrer Genuss.

Die Wohnhäuser der Eingeborenen sind meist niedrig und schmutzig, aus Bambusrohr gebaut und mit Lehm cementirt. Die Dachbedeckung besteht entweder aus Stroh oder Palmblättern. Es sind abscheuliche Löcher und kaum passende Wohnungen für menschliche Wesen. Da jedes der Grundstücke von einem undurchdringlichen „Jungle" umgeben ist, so kann man sich denken, dass es dort von Schlangen, wilden Thieren, Insecten und aller Art von Ungeziefer wimmelt. Eine ekelhafte, hässliche Gewohnheit, der alle Eingeborenen Ostindiens huldigen, ist das Kauen von „Betel." Es ist dies ein Präparat aus Blättern des Betelnuss-Baumes, in welche Stücke der Catachu-Palmfrucht eingewickelt sind. Ein aus Kalk fabrizirter Klebestoff und verschiedene Gewürze sind die anderen Zuthaten dieser

Delikatesse, die von Männern, Frauen und Kindern mit gleich grosser
Leidenschaft gekaut wird. Der dem Präparat entquillende rothe Saft
färbt die Zähne und Lippen, und ergiesst sich auch häufig in zwei
Strömen aus den Mundwinkeln auf das Kinn, was keineswegs zur
Verschönerung des Gesichtes beiträgt.

Das Klima von Singapore ist merkwürdig gesund. Es ist besonders ein wahres Paradies für Kinder, da beinah nie die gewöhnlichen Kinderkrankheiten bösartig auftreten. Die Hitze ist selten
unerträglich und unter normalen Verhältnissen kühlen tägliche Regen-
güsse die Temperatur so ab, dass sie sehr angenehm wird.

Aber wie alle tropischen Gegenden, so hat auch diese ihre Landplagen in Gestalt von Thieren. Im "Jungle" ist der Tiger zu Hause,
und auf unseren Fahrten über Land sahen wir unzählige wilde Affen
sich in den Zweigen der Bäume, welche die Fahrwege einsäumen,
schaukeln. Von Schlangen findet sich die Cobra, die Python, welche
oft die colossale Länge von vierundzwanzig Fuss erreicht, und die
Hamadryaden-Schlange, die am meisten gefürchtet wird, weil sie die
gefährlichste Schlange ist, die existirt. Alligatoren und Schlangen
findet man in allen Gewässern, und Hundertfüssler, so wie Scorpione,
kriechen häufig in den Häusern im Bette, oder in der Badewanne, herum.
In allen Zimmern des Hotel de l' Europe sieht man Eidechsen an den
Wänden und Decken laufen, ohne dass sie Jemand belästigt. Ab und
zu verliert eine manchmal den Halt und fällt dem im Zimmer Sitzenden
auf den Kopf, von wo sie demselben dann oft den Nacken hinunter
auf den Rücken kriecht. Die Eidechsen sind aber nicht die schlimmsten Plagen des Hauses. Die Zimmer wimmeln von Schaben und
Käfern aller Art, Ameisen und dem grössten aller Uebel—Mosquitos.
Die letzteren schienen es ganz besonders auf uns abgesehen zu
haben, denn vom frühesten Morgengrauen, bis Nachts, wenn wir uns
in eine solide Mosquito-Bar fest eingewickelt hatten, plagten sie uns
im wahren Sinne des Wortes "bis auf's Blut," und machten uns besonders in den ersten Tagen das Leben sauer.

In meinem ganzen Leben werde ich nicht die erste Nacht in Singapore vergessen. Als ich in's Zimmer trat und die Anwesenheit von Eidechsen und Insecten aller Art bemerkte, überkam mich ein gelinder Schauder, denn meine aufgeregte Phantasie spiegelte mir vor, dass eine dieser Bestien mir im Schlafe in den Mund kriechen und durch den Schlund ihren Weg in den Magen finden, oder dass mir eine in's Ohr kriechen könne; ich gestehe es ehrlich zu, dass ich nicht schlafen konnte und den grössten Theil der Nacht wachend im Bette lag, jeder Zeit auf dem qui vive Fusse gegen die Landplagen, die zu Moses' Zeit in Aegypten nicht schlimmer gewesen sein können. Nachdem wir jedoch einige Tage dort zugebracht hatten, gewöhnten wir uns so an den Stand der Dinge, dass wir uns eben so wenig um die Plagegeister kümmerten, wie die Eingeborenen.

Singapore ist vermöge seiner geographischen Lage der Schlüssel zu den östlichen Meeren, eben so wie Gibraltar für das Mittelmeer. Die meisten Schiffe, welche von den östlichen Meeren kommen, oder dorthin segeln, legen, wenn auch nur auf kurze Zeit, daselbst an und die Dämpfer, welche nach fernen Häfen bestimmt sind, nehmen auf der langen Reise dort eine frische Zufuhr von Kohlen ein. Es ist allgemein bekannt, dass in diesem Hafen mehr Schiffe anlegen als in irgend einem des Ostens, selbst Hong Kong nicht ausgenommen. Als wir durch den Hafen nach den Docks fuhren, passirten wir Hunderte von Segelschiffen in allen Grössen und Formen. Das leichte Canoe der Taucher, das kleine Fischer-Boot und die chinesische Dschunke; die niedlichen Schleppdampfer und die riesigen Kauffahrtei-Schiffe; der schnelle Passagier- und Fracht-Dampfer und das schweigsame, aber mächtige, Kriegsschiff lagen da im bunten Durcheinander. Die Flaggen aller Nationen flatterten im Winde von den Masten, und der gelegentliche Donner von Kanonenschüssen zeigte die Ankunft eines der wunderbaren Panzerschiffe England's an. Als wir uns dem Dock näherten, kamen wir auf Hörweite bei einem französischen, mit Truppen besetzten Transportschiffe an, auf welchem mindestens fünfzehn Hundert

MEMORIAL WELL AT CAWNPORE   INDIA   ERINNERUNGS DENKMAL IN CAWNPORE

Mann untergebracht waren. Dieselben waren auf ihrem Wege zum Kriegsschauplatze, um an dem Feldzuge gegen China Theil zu nehmen. Sie waren noch lustiger und fröhlicher, als die Truppen auf dem "Djemnah." Sie begrüssten uns mit Hurrahrufen, als wir vorbeikamen und, um uns nur einigermassen zu revanchiren, mussten wir unsere Lungen gewaltig anstrengen.

Das Haupt-Beförderungsmittel in Singapore ist der „Gharry." Es ist dies ein vierrädiger bedeckter Wagen, der bequem vier Passagiere fast und vorn einen Sitz für den Kutscher hat. An diesen Wagen ist ein kleines Pferdchen, oder Pony, das oft nicht grösser wie ein Neufundländer Hund ist, gespannt. Aber dieses Thier thut seine Pflicht in vollstem Masse. Es trabt lustig die Strasse entlang und zieht ohne Beschwerde eine Ladung, die ganz ausser allem Verhältnisse zu seiner Grösse steht. Viele davon sind sehr tückisch, und wer einmal versucht hat, mit einem solchen Pony zu fahren, den gelüstet's gewiss nicht nach einem zweiten Male.

Es giebt mindestens tausend „Gharries" in Singapore, ausserdem aber findet man noch eine grosse Anzahl von „Jinrikshas," die erst kürzlich eingeführt wurden, und andere Wägen aller Art. Die schönste und unzweifelhaft theuerste und eleganteste Equipage gehört einem reichen chinesischen Kaufmanne, der damit an jedem Abende, einerlei ob es schönes oder schlechtes Wetter war, mit grossem Stolze vor dem Hotel de l'Europe paradirte. Während wir uns in Singapore aufhielten, feierten die Chinesen ihr Neujahrfest, das auf den 15. Februar fiel. Die Feier dauerte beinahe eine Woche, während welcher Zeit das Geschäft unter den Chinesen vollständig ruhte. Reich und Arm gab sich in jener Zeit der Lust und dem Vergnügen hin. Sie kleideten sich feiertäglich und zogen den ganzen Tag hindurch lustig auf den Strassen herum. Man sagt, dass die chinesische Sitte es verlangt, dass alle guten Chinesen ihren Körper am Neujahrstage gründlich waschen, reine Wäsche anziehen, alle ihre Schulden bezahlen und sich mit ihren Feinden aussöhnen. Eine sehr ergötzliche Seite ihrer Feier war, dass jeder Chinese, der auf der Strasse erschien, vom kleinsten Knaben bis zum ältesten Manne einen neuen Hut trug und zwar waren die letzteren alle von ganz derselben Façon, Grösse und Farbe. Es war ein weicher Filzhut von hellgrauem Stoff, mit einem ziemlich hohen Kopfe und breiter Krempe. Man kann sich vorstellen wie komisch es aussieht, wenn ein sechsjähriger Knabe einen ebenso grossen Hut trägt, wie sein Vater, oder wenn man einen grossen Kerl sieht, der einen Kopf hat, welchem ein Hut No. 8 passt, der aber mit einem No. 6 Hütchen auf dem Wirbel auf der Strasse herumstolzirt. Das schien die Chinesen aber durchaus nicht zu geniren und sie sahen so zufrieden aus, als ob nichts zu ihrer Glückseligkeit fehlte. Nachts fuhren Hunderte von Wägen, vom "Riksha" und der "Gharry," bis zur schönsten Equipage, besetzt mit festlich gekleideten Chinesen, langsam in grosser Parade um den öffentlichen Platz. Die Wägen waren reich geschmückt und mit vielen chinesischen Laternen illuminirt. Es war ein ebenso hübscher als neuer Anblick für uns.

Selbst die kleinen chinesischen Kinder dürfen an der Neujahrs-Feier theilnehmen. An jedem Nachmittage in der Festwoche sahen wir von der Veranda des Hotels aus eine grosse Anzahl reichgeschmückter Kinderwägen, jeder mit einem chinesischen, in den schönsten hellfarbi-gen Kleidern angethanenen, Baby besetzt, die auf dem Platze von Coo-lies herumgefahren wurden. Manchmal zogen auch arme chinesische Knaben die Wägen. Diese Kinder glichen Wachs-Puppen auf ein Haar und einzelne waren ganz reizend. Die Wägen waren Wunder an Schönheit und Eleganz. Gold und Silber war überall an ihnen an-gebracht, die Räder und Deichsel in den buntesten Farben gemalt und kunstvoll mit wehenden Bändern und Quasten verziert. Selbst jetzt, wenn ich an das prachtvolle Schauspiel denke, kommt es mir vor wie ein Traum aus dem Feenreiche.

Eines Abends war das Hotel de l' Europe der Schauplatz einer Zu-sammenkunft, die der Mittheilung werth ist. Auf der Veranda und in der nächsten Nähe derselben, auf einem fünfzig Quadratfuss fassenden

Platze, waren die Vertreter aller grosser Nationen der Erde versammelt: Engländer, Mexicaner, Franzosen, Spanier, Italiener, Deutsche, Holländer, Russen, Australier und Amerikauer; ebenso Repräsentanten fast aller asiatischen Länder, und alle diese Leute in lebhafter Unterhaltung mit einander begriffen. Man kann sich den Lärm und die an den Thurmbau zu Babel erinnernde Sprachverwirrung denken. Herr Siegfried, der Eigenthümer des Hotels, sagte uns später, dass bei diesem merkwürdigen Zusammentreffen von Angehörigen so vieler Nationen mindestens dreissig verschiedene Sprachen gesprochen worden seien.

THE TAJ AT AGRA. (VIEW FROM GARDEN)

INDIA

DIE TAJ IN AGRA. (ANSICHT VOM GARTEN AUS)

Achtes Kapitel.

Von Batavia nach Ceylon.

A wir dem Aequator so nahe waren, beschlossen wir, die erste Gelegenheit zu benutzen, um denselben zu kreuzen. Am 21. Februar erfüllte sich unser Wunsch, und zwar mit dem holländischen Dampfer "Tambora," der nach Batavia, auf der Insel Java, bestimmt war.

Alles auf diesem Schiffe war vorzüglich, nur seine Schnelligkeit, die nicht mehr als 8 Knoten die Stunde betrug, liess zu wünschen übrig. Capitän Lindemann, ein kleiner untersetzter Mann, der aber seine 250 Pfund wog, sagte uns, dass alle Dampfer dieser Linie angewiesen seien, nicht mehr wie acht Meilen die Stunde zu machen, und zwar aus Sparsamkeitsrücksichten. An Bord dieses Dampfers hatten wir das Vergnügen, mit einer Anzahl von holländischen Colonial-Beamten zusammenzutreffen, die von Sumatra kamen. Sie waren dort sechs Jahre stationirt gewesen und hatten Passage nach Batavia genommen, um sich beim General-Gouverneur von Java zu melden und von ihm die ehrenvolle Entlassung aus dem Colonialdienst und zugleich die übliche freie Passage nach dem ihnen so theuren und vielgeliebten Holland zu erhalten. Sie unterhielten uns gelegentlich mit der Erzählung ihrer Abenteuer in dem

Kriege gegen die Atchinesen, welche den Holländern die äusserste Nordspitze der Insel Sumatra streitig machen wollten. Die Beamten sagten, dass die Eingeborenen zwar noch nicht völlig unterworfen seien, dass aber die Unterdrückung der Rebellion nur eine Frage der Zeit wäre.

Wir hatten auch einige Compagnien eingeborener Soldaten (Javanesen und Sumatresen) an Bord, welche in schäbige europäische Uniformen gekleidet waren und sehr komisch aussahen. Die Bekleidung schien ihnen durchaus nicht zu behagen und erinnerten sie mich in ihrem ganzen Benehmen an kleine Jungen, die ihr erstes Paar Beinkleider anhaben. Wir besuchten sie oft im Zwischendeck, um ihren Amüsements zuzusehen. Capitän Lindemann und sämmtliche Officiere waren sehr gemüthlich und zugänglich. Sie sprachen Englisch und Deutsch so fliessend wie ihre Muttersprache und versuchten die Fahrt so unterhaltend wie möglich für Alle, die an Bord waren, zu machen.

Das Essen war wirklich ausgezeichnet und wurde von uns mit Vergnügen genossen. Ein grosser Theil des Tages wurde bei Tisch zugebracht, so dass den uns vorgesetzten Delikatessen volle Gerechtigkeit widerfuhr.

Am 22. Februar, Washington's Geburtstag, passirten wir den Aequator, wurden aber nicht denjenigen Ceremonien unterworfen, welchen sich sonst Solche unterziehen müssen, die zum ersten Male "die Linie kreuzen." Uebrigens ist auf den regelmässig zwischen Singapore und Batavia verkehrenden Dampfern diese Sitte, wenigstens in Bezug auf die Passagiere, gänzlich abgeschafft. Ab und zu nehmen die Matrosen das alte Herkommen wieder auf und auf unserer Reise gingen sie sogar bei der Einweihung der Seeleute, die noch nie auf der südlichen Hälfte des Erdballes gewesen waren, bis in's Extreme.

Die Ceremonien bestehen gewöhnlich darin, dass das Gesicht des Opfers mit einer Mischung von Theer und Oel eingeschmiert

THE GATE OF THE TAJ   INDIA   DAS PORTAL DER TAJ

THE TAJ AT AGRA   INDIA   DIE TAJ IN AGRA

und dann mit dem Stücke eines eisernen Reifens, welches als Rasir-
messer dient, abgekratzt wird. Wer sich dieser Procedur nicht frei-
willig unterzieht, wird einfach gezwungen und dabei nicht mit
Glacé-Handschuhen angefasst.

Wir brauchten beinahe drei Tage ehe wir unseren Bestimmungsort erreichten, obgleich die Entfernung nur 570 See-, oder 660
gewöhnliche Meilen ausmacht. Der Landungsplatz ist mehrere Meilen von der Stadt selbst entfernt und mit dieser durch eine Eisenbahn verbunden. Ein breiter Canal, auf welchem die Fracht vom
Hafen nach der Stadt befördert wird, läuft mit der Bahn parallel.
Zwischen dem Canal und dem Bahnbette wird jetzt eine schöne Fuhr-
strasse gebaut. Die Bäume waren bereits auf der ganzen Strecke
gepflanzt und der Bau des Strassendammes schon in Angriff genommen.

Batavia liegt beinahe am äussersten nördlichen Punkte der
Insel Java in 6° 22′ südlicher Breite und 106° 40′ östlicher Länge.
Seine Bevölkerung wird auf 125,000 Einwohner angegeben, wovon
ungefähr 5,500 Europäer, 35,000 Chinesen und 1,000 Araber und
andere Asiaten sind. Der Rest der Bevölkerung besteht aus Malayen und Javanesen. Die Altstadt, oder der Geschäftstheil, bietet
nichts besonders Interessantes. Die Häuser gleichen denen in Singapore, die Strassen aber machen einen langweiligen Eindruck. Das
Geschäftsleben und Treiben, welches anderen Städten einen be-
stimmten Character aufdrückt, fehlt hier ganz. Obgleich Batavia grossen Export- und Import-Handel hat, ist davon in der Stadt
absolut Nichts zu sehen. Ausserhalb der Altstadt zieht sich die Neu-
stadt hin, wo die Wohnhäuser stehen. Hier sieht es besser aus.
Die Häuser sind alle im schönen, modernen Villen-Styl gebaut und
mit grossen Parks, oder prächtigen Gärten, umgeben. Die Hotels,
von denen es eine grosse Anzahl giebt, sind reinliche, geräumige
Gebäude, welche meist nur ein Stockwerk hoch sind, aber eine grosse
Strecke Landes bedecken. Das Hotel der Nederlanden, wo wir ab-

stiegen, ist eines der grössten und besten in Batavia. Das Vorderhaus, welches in einem gutgehaltenen Garten steht, ist zwei Stockwerke hoch, wovon das untere den Parlor, sowie den Ess-Salon, das obere die Privatzimmer enthält. Die Gastzimmer befinden sich in zwei besonderen einstöckigen Häusern, welche mit einander parallel laufen, einige hundert Fuss lang und durch einen grossen Hof von einander getrennt sind. Sie haben breite Verandas, wie fast alle Häuser in den Tropen. Das Essen war ausgezeichnet und die Bedienung gut; aber die Förmlichkeit, welche besonders während der Hauptmahlzeit, (dem "Diner," das immer erst um $8\frac{1}{2}$ Uhr Abends gegessen wird, was uns einigermaassen spät vorkam), von einigen Gästen in der auffallendsten Weise zur Schau getragen wurde, war höchst übertrieben. Sie nahmen auf ihre Umgebung auch nicht die mindeste Rücksicht, da sie so von ihrer eigenen Bedeutung eingenommen waren, dass sie Niemanden sonst beachteten. Es waren aber nicht die reichen holländischen Pflanzer, oder die wohlhabenden Kaufleute, welche sich auf diese Weise so unangenehm bemerkbar machten, sondern ausnahmslos Beamte, die sich im Uebrigen aber als ganz gute Gesellschafter, allerdings mit einem Anflug von Arroganz, erwiesen.

Da Batavia nach Art der holländischen Städte gebaut ist, so wird es von einigen sehr hübschen Kanälen durchzogen. Die schnelle Beförderung wird durch eine "Dummy"-Eisenbahn, die nach den Vorstädten fährt, sowie eine reguläre Dampf-Eisenbahn zwischen den Werften und anderen Theilen der Vorstädte, hergestellt. Auf beiden Bahnen werden Züge in so kurzen Zwischenräumen befördert, dass der Verkehr sehr bequem und schnell ist. Die hier gewöhnlich gebrauchten Wägen sind die in Singapore gebräuchlichen "Gharrys" und ein zweiräderiger, bedeckter Wagen für vier Personen. Die letzteren heissen "Dos a Dos." Die Pferde sind so klein wie in Singapore, kommen aber diesen an Kraft und Ausdauer, ja selbst im Aussehen nicht gleich.

Buitenzorg, das etwa 40 Meilen von Batavia entfernt liegt und mit der Eisenbahn erreicht werden kann, ist das Los Angeles des Ostens. Hier wohnen der General-Gouverneur und viele wohlhabende europäische Einwohner von Java während der heissen Saison. Das grosse, prächtige Wohnhaus des ersteren ist von schönen, imponirenden Gärten und Parks umgeben. Ganz Buitenzorg ist eigentlich ein grosser Garten mit prachtvollen, kühlen und schattigen Fahrwegen. Mit einem Worte, der Ort ist reizend und ebenso grossartig wie schön.

Auf unserem Rückwege nach Batavia hatten wir Gelegenheit die Ueppigkeit und Fülle tropischer Vegetation und den wahrhaft brillanten Blätterschmuck der Bäume in ihrer vollen Glorie zu bewundern. Die Grossartigkeit der Landschaft, welche die Natur hier in wahrhaft erhabener Schönheit entfaltet, spottet aller Beschreibung. Die Feder ist zu schwach dazu, und selbst ein Maler müsste ein grosser Künstler sein, um der Landschaft volle Gerechtigkeit widerfahren zu lassen. Das muss man sehen, um es voll geniessen und würdigen zu können. Hier wie in Singapore wächst der Betel in voller Ueppigkeit, ebenso der Cocusnussbaum und andere Palmen, mit denen hie und da Mangos und Mangostines angenehm abwechseln. Ananas und Bananen wachsen im Ueberfluss, und überall zu beiden Seiten der Bahn sieht man die blühendsten Kaffee- und Reis-Plantagen. Ihr vortrefflicher Zustand zeigt, wie viel Mühe und Fleiss auf ihre Cultivirung verwendet wird.

Nachdem wir unsere Wissbegierde in Batavia und der Umgegend befriedigt hatten, schifften wir uns auf dem Dampfer "Godavery," Capitän Blanc, von der französischen Linie "Messageries Maritimes," nach Singapore ein, um dort noch Anschluss an den Dampfer nach Ceylon zu bekommen. Auf dieser Reise entgingen wir mit genauer Noth einem wirklichen Schiffbruche. Am Morgen des zweiten Tages lief der Dampfer nämlich iu der

Höhe der Küste von Sumatra während eines kleinen Sturmes auf den Grund und erst nach sechs Stunden langer, harter Arbeit gelang es, ihn wieder flott zu machen. Unter den Passagieren herrschte während dieser Zeit bedeutende Aufregung, denn, wenn der Sturm stärker geworden wäre, wofür alle Anzeichen vorhanden waren, würde es uns schlimm ergangen sein.

Capitän Blanc, seine Officiere und die Mannschaft benahmen sich mit solcher Kaltblütigkeit und Tapferkeit, dass ihnen die Anerkennung aller Passagiere zu Theil wurde. Man kann sich denken, dass uns Allen ein Stein vom Herzen fiel, als wir wieder flott waren und mit vollem Dampfe unserem Bestimmungsorte zueilten. Am Tage nach unserer Rückkehr nach Singapore von unserer Aequator-Fahrt, schifften wir uns auf dem französischen Dampfer "Oxus" ebenfalls von den "Messageries Maritimes," nach Ceylon ein.

Eine komische Scene spielte sich in einem Korbmacherladen in Singapore ab, wo wir anhielten, um Einkäufe zu machen, als wir uns bereits im Gharry auf dem Wege zur Werfte befanden. Ein lebhafter kleiner Franzose stürzte in den Laden und frug den chinesischen Eigenthümer desselben, ob er einen "Babboon chair" habe. Nachdem ihm einige Bambus-Stühle gezeigt worden waren und er sich überzeugt hatte, dass es wirklich echte "Babboon" Stühle waren, kaufte er einen und zog vergnügt seines Weges. Wir aber brachen in ein homerisches Gelächter aus, in das der Ladenbesitzer und seine Arbeiter herzlich einstimmten. Wir trafen den komischen kleinen Kerl an Bord des "Oxus," in voller Länge auf seinem "Babboon" Stuhl ausgestreckt, glückselig über seinen Kauf und augenscheinlich äusserst zufrieden mit seinem Loose.

Der "Oxus" war in jeder Beziehung vorzüglich eingerichtet. Es waren über hundert Passagiere in der ersten Kajüte und darunter viele Damen und Kinder. Alle Klassen waren vertreten; der wohlhabende Reis-Händler von Bangkok, oder Saigon, der grosse Bankier von Hong Kong, der Thee-Händler von Shanghai und der Pflanzer

HIMALAYA MOUNTAINS, FROM DARJEELING

DIE HIMALAYA GEBIRGE, (VON DARJEELING AUS)

INDIA

von Java oder Sumatra. Einige wollten einen kurzen Besuch in ihrem Vaterlande machen, das sie viele Jahre nicht mehr gesehen hatten; Andere waren auf einer wichtigen Geschäftsreise; und einige Wenige, denen das Glück gelächelt hatte, reisten nach Hause, um die Früchte ihrer Arbeit in Ruhe und Behaglichkeit zu geniessen. Die interessanteste Person an Bord war ein italienischer Missionär von China, der sich vollständig chinesisch kleidete und selbst einen Zopf trug. Er sah in diesem Adoptiv-Costüm äusserst komisch aus und entlockte jedem Passagier ein Lächeln, als er zum ersten Male auf Deck erschien. Bald aber wurde er sehr beliebt, denn seine liebenswürdigen Manieren und sein musterhaftes Betragen, sowie seine Bereitwilligkeit, uns stets mit Erzählungen seiner oft gefahrvollen Erlebnisse im Missionsdienste zu unterhalten, gewannen ihm bald die Gunst Aller. Auf die Frage, warum er dieses ungewöhnliche Costüm trage, antwortete er: "Ich adoptirte diese Kleidung vor vielen Jahren, weil ich dachte, dass ich dadurch bei der Bekehrung der Heiden mehr Erfolg haben würde. Ich fand auch bald, dass mir in der That die Annäherung erleichtert und meine Arbeit natürlich bedeutend bequemer wurde, wodurch ich die besten Resultate erzielte. Da dieses Experiment so günstig ausfiel, so beschloss ich, die Kleidung beizubehalten. Einige meiner Freunde in Italien haben mir Geld genug geschickt, um diese Reise zu machen, ich werde mich aber nur sehr kurze Zeit dort aufhalten und zu meiner Aufgabe zurückkehren, um in China für den Dienst Christi zu leben und zu sterben."

Am Mittwoch, den 4. März 1885, Nachts zwischen eilf und zwölf Uhr, passirten wir 95° 36' östlicher Länge und befanden uns auf dem Cincinnati entgegengesetzten Punkte, da dieses in 84° 24' westlicher Länge liegt. Wir waren froh, dass wir glücklich die Hälfte unserer Reise überstanden hatten und gaben uns der Hoffnung hin, dass eine gütige Vorsehung uns auch unversehrt nach unserer Heimath zurückführen werde.

Eines Abends, als wir auf dem Promenadendeck mit dem Commandeur des "Oxus," Capitän Rapatel, herum spazierten, machte derselbe die folgende interessante Mittheilung über die Früchte in den Tropen:

"Es wird von allen Reisenden, die Ost- und Westindien durchstreiften und deshalb ein Urtheil fällen können, zugestanden, dass viele Früchte Westindiens besser sind als die Ostindiens. Sie sollen wenigstens ein besseres Aroma haben und im Handel höhere Preise erzielen."

In Bezug auf die ausschliesslich tropischen Früchte kann ich kein Urtheil abgeben, denn ich habe dem Gegenstande nie meine besondere Aufmerksamkeit geschenkt. Ich habe jedoch einige Beobachtungen und folgende Erfahrungen gemacht: Im Victoria Hotel war uns ein Teller mit Birnen vorgesetzt worden, wie ich sie nie schöner gesehen hatte. Meine Freunde und ich griffen sofort zu und assen davon. Aber diese Enttäuschung! Ein Bissen war genügend, um uns davor zu bewahren, dass wir je wieder chinesische Birnen zu essen versuchten. Sie hatten einen Geschmack, ähnlich dem von rohen Kartoffeln, wofür sie im Nothfalle auch wohl verwendet werden können. Als Früchte sind sie absolut ungeniessbar.

Auch die Apfelsinen, die wir im Osten assen, waren im Allgemeinen nicht so gut, wie die, welche man in Amerika erhält. Es gab aber zwei Sorten, die meiner Ansicht nach unseren besten Qualitäten aus Florida, Louisiana, oder Sizilien, gleichkamen. Die eine war die chinesische Apfelsine, mit glatter Schale, von Mittelgrösse, schwer zu schälen, aber voller Saft und einem prachtvollen Aroma; und die andere die "Coolie"-Apfelsine, von mittlerer bis zu voller Grösse, rauh, dickschalig, sehr leicht zu schälen, mit ziemlich viel Saft und sehr schönem Aroma.

Ferner: Unter den verschiedenen Früchten, die bei den Mahlzeiten an Bord des "Oxus" servirt wurden, befanden sich auch Wassermelonen aus Egypten, welche sehr einladend aussahen. Das Fleisch war von schöner rother Farbe und die Kerne pechschwarz, aber die Melone war vollständig geschmacklos und ohne alles Aroma. Ich hatte so etwas noch nie gegessen.

Ich bemerkte, wie andere Passagiere die Melonen mit einer aus Rothwein und Zucker hergestellten Sauce assen und machte das nach, konnte sie aber auch so nicht geniessen und versuchte nach dieser Erfahrung nie wieder derartige Wassermelonen zu essen.

Unsere fünf Tage dauernde Reise von Singapore nach Ceylon war herrlich. Wir hatten einen klaren Himmel, ruhige See und verhältnissmässig kühles Wetter auf der ganzen Tour. Gegen Mittag des fünften Tages warfen wir Anker vor Colombo, kaum einen Steinwurf weit von der Küste entfernt.

Neuntes Kapitel.

Die Insel Ceylon.

EI unserer Ankunft im Hafen von Colombo war unser Schiff sofort von mindestens hundert kleinen Booten in den verschiedensten Formen umgeben, und in allen befanden sich Leute, die sich auf's eifrigste bemühten, uns dienstbar zu sein. Die Taucherjungen, welche sich ebenfalls in ihrer vollen Thätigkeit zeigten, führten zum Amüsement der Passagiere die tollkühnsten Taucherkunststücke aus. Es ist wirklich wunderbar, wie sie nach einer Münze, die in's Wasser geworfen wird, bis auf den Grund tauchen und sie auch unfehlbar erhaschen. Nur in den seltensten Fällen geht eine Münze verloren.

Die Fischer von Colombo benützen bei Ausübung ihres Berufes keine Boote, sondern Flösse, die aus fünf bis sieben Baumstämmen, von vier bis sechs Zoll Dicke und sechs Fuss Länge, zusammengesetzt und entweder aneinander genagelt, oder auch nur gebunden sind. Auf diesen gebrechlichen Fahrzeugen wagen sie sich meilenweit von der Küste weg und kehren nicht eher wieder zurück, als bis sie einen guten Fang gemacht haben, oder ein Sturm im Anzuge ist.

Unter Anderen, die in den kleinen Booten herauskamen, waren auch einige Schlangenbeschwörer, aber keiner der Passagiere bekundete grosse Neugier, sich ihre Kunststücke anzuschen.

Wir fanden schliesslich einen Bootführer, mit dem wir handelseinig wurden, und fuhren, nachdem wir selbst und unser Gepäck in dem leichten Fahrzeuge sicher untergebracht waren, der Küste zu. Kaum hatten wir das Schiff verlassen, als wir in unserem Boote einen Schlangenbeschwörer fanden, der darauf bestand, uns sofort seine Künste zu zeigen. Ich brauche wohl nicht erst zu bemerken, dass er nicht dazu kam und wir uns in möglichst weiter Entfernung von ihm hielten.

Als wir die Küste erreicht hatten, waren wir sofort wieder von einem Schwarm Eingeborener umringt, die sich im wahren Sinne des Wortes um unser Gepäck prügelten, und erst nach hartnäckigem Kampfe gelang es uns, dasselbe auf einen zweirädrigen, von zwei weissen Stieren gezogenen, Karren verladen zu lassen. Aber jetzt fingen unsere Beschwerden erst an, denn jeder der Coolies verlangte Bezahlung, indem er behauptete beim Aufladen des Gepäckes behülflich gewesen zu sein, und der Bootführer verlangte dreimal so viel, als er mit uns abgemacht hatte. Wir waren in einer unangenehmen Lage, und es blieb uns absolut nichts Anderes übrig als zu zahlen, und noch dazu sehr freigebig, um aus der Falle, in die wir gerathen waren, wieder herauszukommen. Auf diese Weise stellten wir die Meisten zufrieden, acht oder zehn Coolies aber folgten uns hartnäckig bis zum Hotel und verlangten unter drohenden Gesten mehr Geld. Der Verwalter des New Oriental Hotel, wo wir abstiegen, trieb sie endlich auseinander.

Nachdem wir unser Quartier besichtigt hatten, engagirten wir, der allgemeinen Sitte folgend, einen Diener, der unsere Zimmer in Ordnung halten und bei Tisch aufwarten sollte, und einen Führer, um uns die Schenswürdigkeiten der Stadt zu zeigen.

Reisende, die in Indien einigermaassen comfortabel leben wollen,

READY FOR CREMATION   INDIA   FERTIG ZUM VERBRENNEN

GOING TO THE TEMPLE   INDIA   ZUM TEMPEL

sind gezwungen, sich eigene Bedienung zu halten, da die wenigen dienstbaren Geister, die in einem Hotel angestellt werden, absolut nicht im Stande sind, den Wünschen der Reisenden gerecht zu werden. Man weiss es dort nicht anders, als dass ein Reisender bei seiner Ankunft sowohl einen Diener für das Zimmer, als auch oft noch einen anderen zum Aufwarten bei Tisch engagirt. Für die Nacht ist es absolut nötbig zwei "Punkha-Zieher" anzustellen.

„Punkhas" sind in den Tropen eine unumgängliche Nothwendigkeit. Es sind dies eine Art vergrösserter Fächer, die im Schlafzimmer quer über dem Bette angebracht werden und in den Speisesälen durch die ganze Länge des Zimmers laufen. Sie hängen von der Decke an Seilen, oder Schnüren, herunter und werden von den Punkha-Männern, die sich gewöhnlich im Hausflur aufhalten, in steten Schwingungen erhalten. Zwei dieser Leute halten den Punkha die ganze Nacht hindurch in Bewegung, wodurch kühle Luft geschaffen wird, denn nur so kann man ordentlich schlafen.

Diener sind in Indien sehr billig; man zahlt acht Rupien per Monat, und das wird schon als gute Bezahlung angesehen. Es ist dies etwas mehr als zehn Cents per Tag, aber gewöhnlich giebt der Reisende bei seiner Abreise ihnen noch ein Geschenk von einigen Rupien.

Ceylon, das der Südspitze der Halbinsel Hindostan gegenüber liegt, wird gewöhnlich "das Paradies der Erde" genannt. Es ist das Land des Zimmts und der Muskatnuss; Thee, Kaffee und Reis sind ebenfalls in grossen Massen angebaut. Fast alle tropischen Früchte wachsen hier in Ueberfluss, aber es wird oft behauptet, dass Java, in Bezug auf Ueppigkeit und Reichhaltigkeit seiner Vegetation und in Bezug auf landschaftliche Schönheiten, Ceylon den Preis als „Paradies" streitig machen kann. Es ist wirklich schwer zu entscheiden, welche der beiden Inseln die schönere ist, da beide von der Natur in höchsten Maasse reich bedacht sind.

Eine Eisenbahnfahrt nach Kandy, das in der Mitte der Insel liegt, gab uns Gelegenheit dieses Wunderland in seiner ganzen Schönheit zu sehen. An der ganzen bergauf führenden Bahn entlang hat man eine Aussicht von so zauberhafter Schönheit, dass auch der gleichgültigste Mensch beim Anblicke derselben zum Enthusiasten wird.

In Kandy findet man den grossen Hindu-Tempel, einen der schönsten in ganz Indien, und die „Paradeniya"-Gärten, wo alle in den Tropen wachsenden Bäume, Sträucher, Pflanzen und Früchte angepflanzt sind. Wir brachten mehrere Stunden dort zu und wurden von einem der Hülfs-Superintendenten, der sich unserer sehr eifrig annahm und uns alle nöthige Auskunft gab, herumgeführt.

Der Ausflug war sehr genussreich und lohnend, da wir einen vollständigen Begriff von dem Umfange und den Eigenthümlichkeiten der Vegetation in den Tropen bekamen.

Colombo, die Hauptstadt von Ceylon hat 150,000 Einwohner und liegt an der Westküste der Insel. Der Anblick auf die Stadt vom Schiffe aus war prächtig.

Das europäische Quartier enthält, wie fast alle englischen Colonieen im Osten, viele grosse, imposante Gebäude, breite und reine Strassen, ausgedehnte öffentliche Plätze und elegante Parks und Gärten. Das New Oriental Hotel-Gebäude würde selbst in New York, Chicago, oder San Francisco, als Zierde gelten.

Das Quartier der Eingeborenen besteht aus niedrigen, schmutzigen Häusern, die selten grösser als zwölf bis sechszehn Quadratfuss und sechs bis acht Fuss hoch, dabei aber so überfüllt sind, dass sie grossen Bienenkörben gleichen. Die Strassen sind sehr eng und das Treiben in denselben, hauptsächlich nach Sonnenuntergang, erinnert an einen Bienenschwarm, der Nachts in seinen Korb zurückkehrt.

Es befinden sich dort auch einige Hindu-Tempel und das Museum, welches, obgleich es nur klein ist, doch interessante Sehenswürdigkeiten enthält. Die Fahrwege an der Küste und die zahlreichen Gärten und Parks sind vorzüglich gehalten und in bestem Zustande.

Der Flächeninhalt von Ceylon beträgt 24,154 Quadratmeilen, und die Bevölkerung welche 2,500,000 Seelen beträgt, vertheilt sich folgendermaassen auf die vorschiedenen Nationen :

Singhalesen, oder Eingeborene, 1,500,000 ; Tamils, die aus dem südöstlichen Indien, oder von der Malabar Küste einwanderten, 800,000 ; Europäer von verschiedenen Nationen 3,000. Der Rest der Bevölkerung besteht aus Bewohnern der umliegenden Länder.

COTTON MARKET AT BOMBAY
BAUMWOLL-MARKT IN BOMBAY

INDIA

PUBLIC WORKS BUILDING AT BOMBAY
GEBÄUDE DES RATHES FÜR ÖFFENTLICHE ARBEITEN

INDIA

SAILORS' HOME AT BOMBAY
MATROSEN HEIM IN BOMBAY

PUBLIC GARDEN AND ESPLANADE HOTEL AT BOMBAY
ÖFFENTLICHER GARTEN UND ESPLANADE HOTEL IN BOMBAY

Zehntes Kapitel

Pondicherry, Madras und Calcutta.

a die für Ceylon bestimmte Zeit abgelaufen war, so setzten wir unseren Wanderstab weiter. Zum dritten Male schifften wir uns auf einem Dampfer der Messageries Maritimes ein.

Es war der "Tiber," ein alter Dampfer, aber wie alle französischen Schiffe vortrefflich eingerichtet, und das Essen so gut, als man sich's nur wünschen konnte. Wir hatten Passage nach Calcutta über Pondicherry und Madras genommen, und auch auf dieser Reise lächelte uns Fortuna und machte uns dieselbe ebenso genussreich als interessant.

Nachdem wir Caracal, eine französische Colonie an der südöstlichen Küste von Hindostan, passirt hatten, langten wir bald in Pondicherry an, wo wir Station machten. Wir ruderten in Begleitung eines Schiffs-Officiers an's Land und nahmen uns vor, in den wenigen Stunden, die uns vergönnt waren, so viel als möglich zu sehen.

Pondicherry, die bedeutendste Colonie Frankreichs in Indien, kann keinen Vergleich mit den Städten der englischen Colonieen aushalten. Es hat zwar einige ganz respectable Gebände und auch einige passable Strassen, im Grossen und Ganzen aber sieht es aus, als ob es hinter seiner Zeit zurückgeblieben wäre. Es ist nur wenig geschäft-liches Treiben in den Strassen, was schon von vornherein darauf schliessen lässt, dass die Einwohner nicht viel Geschäftsgeist besitzen.

Der Stadttheil, in welchem die Eingeborenen wohnen, gleicht dem in Colombo selbst bis auf die mit Menschen überfüllten Strassen. Ein Militär-Orchester von 40 Mann ist dort stationirt, und alle Mu-siker, vom Tambour-Major bis zum Paukenschläger, sind Eingeborene. An jedem Abend giebt dieses Orchester ein Concert im Parke, zu dem die Bewohner sich in grosser Anzahl einstellen. Wir hörten einige Piecen und ich muss gestehen, dass die Musik, wenn sie auch nicht den höchsten Ansprüchen genügte, doch sehr annehmbar war.

Wir kehrten spät Nachts nach dem Dampfer zurück und waren bereits am nächsten Morgen wieder auf hoher See. Nach zehnstündi-ger Fahrt warfen wir in Madras Anker, das vom Schiffe aus einen herr-lichen Anblick gewährte. Madras ist geschäftlich nur noch der Schatten seiner selbst aus früheren Zeiten. Das Leben, das auf den Strassen herrscht, rührt nicht vom Handel her, sondern weil hier der Sitz der Regierung der Madraser Präsident-schaft ist. Als wir landeten waren nur drei Schiffe im Hafen, wäh-rend man in früheren Jahren, wie uns gesagt wurde, gewöhnlich Hun-derte von Schiffen dort finden konnte. Dieser Zustand ist durch den Bau der Bahn zwischen Madras und Bombay herbeigeführt worden, in-dem die letztere Stadt dadurch im Stande war den ganzen Ein- und Aus-fuhr-Handel des nördlichen und westlichen Indiens an sich zu reissen.

Auf unserer Fahrt durch die Stadt sahen wir viele grosse und elegante Gebäude, Denkmäler der früheren Herrlichkeit. Man zeigte uns den grossen "Juggernaut-Wagen," das grosse heilige Gefährt, welches bei den vielen Pilgerzügen der indischen Götzendiener nach ihren Wallfahrtsorten benutzt werden muss.

Die Bevölkerung von Madras wird auf über 400,000 angegeben, in Bezug auf Geschäftsleben ist es aber nur ein grosses Dorf.

In Madras kamen zwei Engländer auf den Dampfer, um nach

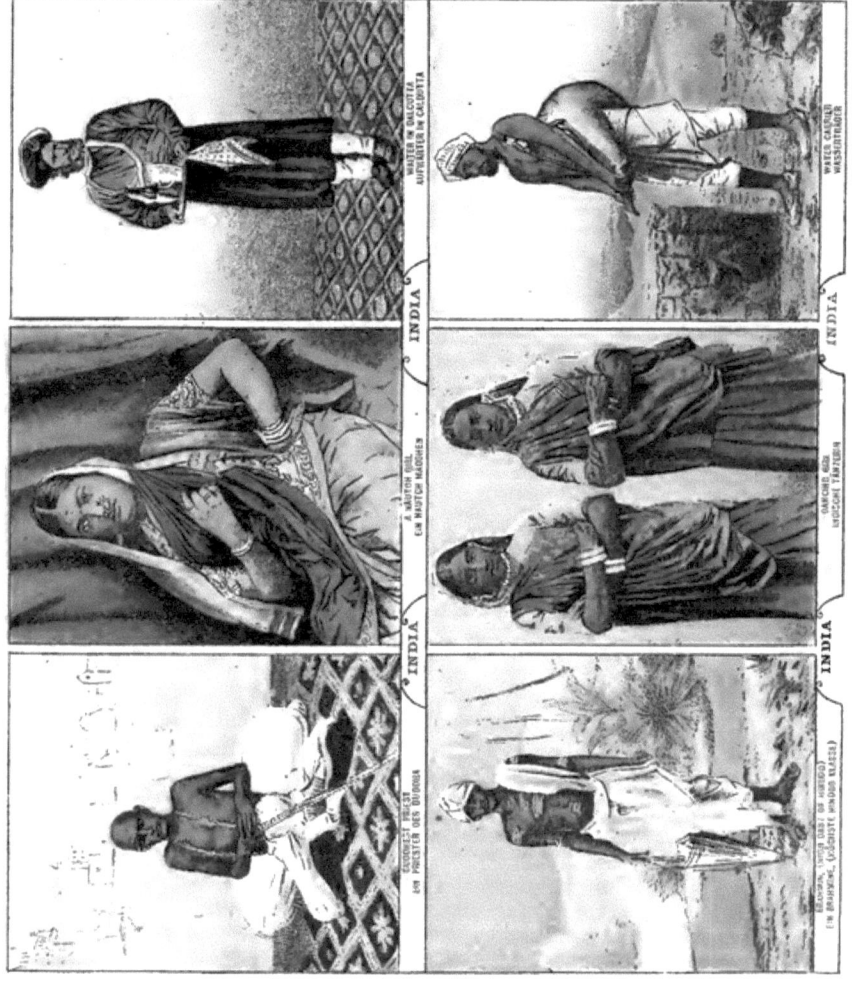

WATER IN CALCUTTA
AUFWÄRTER IN CALCUTTA

INDIA

A WANTON GIRL
EIN WÜSTEN MÄDCHEN

INDIA

WATER CARRIER
WASSERTRÄGER

INDIA

GANGHER, GOD
INDISCHE TÄNZERIN

INDIA

DEVOTEES PRIEST
EIN PRIESTER DES DEVOTEES

BRAHMIN, HINDU (DEITI) OR HINSHO
(EIN BRAHMINE, GÖÖCHSTE HINDUS KLASSE)

INDIA

Calcutta zu reisen. Der eine war ein Civilbeamter, ein sogenannter "Magistrate," und der andere ein junger Lieutenant, der sich nach der Grenze von Afghan begab. In einer Unterredung mit dem Ersteren gab er mir folgende merkwürdige Ansicht über Indien:

"Sie werden sicher sehr überrascht sein, zu hören, dass, wenn die jetzige Dürre in Indien eine Hungersnoth hervorriefe, das ein grosser Segen für das Land wäre. Ich stehe mit dieser Ansicht nicht etwa allein da, sondern die bedeutendsten Männer in Indien glauben dasselbe. Weshalb das der Fall ist? Indien ist bedeutend übervölkert und wenn die Einwohnerzahl in demselben Maasse weiter wächst, werden in der nächsten Zeit schon die Hülfsquellen des Landes nicht genügend sein, um Allen vollen Unterhalt zu gewähren. Für den letzteren Fall muss man das Schlimmste befürchten. Die einzige Hoffnung beruht daher auf einer Hungersnoth, einer Epidemie, wie Cholera, oder einem langen und blutigen Kriege."

Ein recht nettes Land, in welchem Hungersnoth, Epidemieen und Kriege als Segnungen begrüsst werden!

Welch' einen grossen Contrast bietet Calcutta, die Stadt der Paläste, gegen Madras! Dort ist alles Leben und rühriges Treiben, Geschäft überall und an allen Ecken. Jeder Mensch, der uns begegnete, schien dringend beschäftigt zu sein und sich in guten Verhältnissen zu befinden.

Die Aussicht vom Hoogly Fluss auf die Stadt ist eine der grossartigsten in ganz Indien. Die Paläste des Ex-Königs von Oude, der Palast des Vice-Königs, die zahlreichen Regierungs- und Privatgebäude, sowie Geschäfts- und Wohnhäuser, von denen die meisten gross und massiv gebaut und architektonisch schön ausgeführt sind, haben der Stadt Calcutta den Beinamen "Stadt der Paläste" gegeben.

Der schöne Theil von Calcutta erstreckt sich aber nicht weit in die Stadt hinein und sobald man diese betritt, schwindet die Illusion; denn wenn man durch den europäischen Stadttheil in das Viertel der

Eingeborenen gelangt, sieht man nur elende Häuser und Hütten und durchdringender schrecklicher Geruch beleidigt die Nase.

Die fashionable Promenade erstreckt sich vom Regierungs-Gebäude nach dem Garten Eden und ist etwa zwei Meilen lang. An jedem Abend bei Sonnenuntergang fährt die ganze fashionable Welt von Calcutta spazieren, so dass die Promenade einen äusserst belebten, prachtvollen Anblick gewährt. Der Ex-König von Oude ist täglich dort zu treffen und man erweist ihm stets grosse Aufmerksamkeit.

Das Great Eastern Hotel in Calcutta ist die grosse indische Karawanserei. Die Gebäude bedecken einen Flächenraum, der etwa so gross ist, wie ein Square in einer amerikanischen Stadt. Sie sind aber keineswegs imposant, und auch die Zimmer fordern nicht gerade zur Bewunderung heraus, indess sind sie gross und luftig und comfortabel eingerichtet, wenn auch kein Stück Möbel zu viel, oder sehr elegant, zu finden ist. Die langen, schmalen und gewundenen Gänge und Treppen des Hotels waren Tag und Nacht hindurch mit dienstbaren Geistern gefüllt, welche letzteren so zahlreich sind, dass auf je drei Gäste ein Bediensteter kommt. Nachts gewährt der Hausflur einen höchst interessanten Anblick. Vor jeder Thüre befinden sich zwei bis vier Punkha-Zieher, von denen ein Theil den Strick für den im Zimmer befindlichen Punkha unablässig zieht, während die Anderen mit einander schwatzen, oder ein Schläfchen machen, bis sie an die Reihe kommen und ihre Kameraden ablösen. An manchen Stellen bedarf es besonderer Geschicklichkeit, um sich durch diese Burschen hindurch zu winden, ohne über sie zu stolpern, oder auf sie zu treten.

Wir wurden in einem grossen Zimmer des dritten Stockes einquartiert, welches drei Betten mit den nöthigen Punkhas enthielt. Unsere Punkha-Zieher, Mahmoud und Goola, erhielten jeder etwa zwölf Cents per Tag; es wurde ihnen jedoch versprochen, dass sie eine Extra-Vergütung erhalten sollten, wenn sie ihre Sache gut machten. Dieses Versprechen verfehlte seine Wirkung nicht, denn die Burschen

arbeiteten so brav, dass unser Zimmer stets kühl war und wir uns
in jeder Nacht des gesundesten Schlafes erfreuten.

Cassam Ali, ein Muhammedaner, hielt unser Zimmer in Ordnung und wartete bei Tische auf, während Razoo, ein Vollblut-Hindu,
als unser Führer und Dolmetscher fungirte. Unter des letzteren Führung besuchten wir das grosse und äusserst lehrreiche Museum; den
weit ausgebreiteten und prachtvoll angelegten zoologischen Garten, mit
seiner schönen Sammlung von Thieren; den reizenden Garten Eden;
die berühmte burmesische Pagode und verschiedene Hindu- und muhammedanische Tempel.

Eine der eigenthümlichsten Satzungen der Hindu-Religion ist
die, dass kein rechtgläubiger Anbeter von Brahma, Vishnu und Shiva
etwas essen oder trinken darf, ehe er nicht seinen Leib durch Abwaschungen, oder ein Bad, gründlich gereinigt hat.

Der Hoogly Fluss ist der Haupt-Badeplatz Calcutta's. Bei unseren täglichen Ausflügen nach seinen Ufern sahen wir Hunderte von
frommen Jüngern Brahma's in dem Wasser des Flusses baden. Jeder
der Badenden ist mit einem messingnen Topf, der etwa ein Quart fasst
und als Tasse oder Glass dient, versehen, welchen er nach dem Bade,
mit Flusswasser gefüllt, nach Hause trägt.

Sehr interessant war es mit anzusehen, wie einige den höchsten
Kasten angehörende Eingeborene ihre Stirne, Arme und Brust mit
rothen, oder weissen, Streifen bemalten. Sie sahen wirklich lächerlich
aus und erinnerten lebhaft an einen lustigen Clown im Circus, oder
den beliebten Humpty Dumpty. Die Hindu-Frauen müssen, wie uns
gesagt wurde, denselben Gebrauch beobachten wie die Männer, nur
nehmen sie ihre Abwaschungen zu Hause im stillen Kämmerlein vor.

Die Stadt Calcutta wird als eine der reichsten in ganz Asien bezeichnet. Zwischen Bombay und Calcutta besteht eine grosse Rivali-
tät, weil jede die erste Stadt Indiens sein will. Die betreffenden
Zeitungen tauschen manchmal Complimente mit einander aus, welche
nicht gerade freundlicher Natur sind. So viel ist gewiss, dass Calcutta

einen Theil seines Geschäftes an Bombay verloren hat, aber trotzdem wird es stets nicht nur ein grosses commercielles Centrum, sondern auch die Hauptstadt des ganzen östlichen Reiches sein, von welcher aus die Regierungs-Maschinerie geleitet und in bester Ordnung gehalten wird.

Die Bevölkerung von Calcutta wird auf 800,000 Seelen abgeschätzt, wovon wenigstens drei Viertel, oder 600,000, Hindus, 150,000 Muhammedaner, 25,000, (die Europäer eingeschlossen,) Christen, und der Rest Chinesen und Parsen sind, oder anderen asiatischen Völkerschaften angehören.

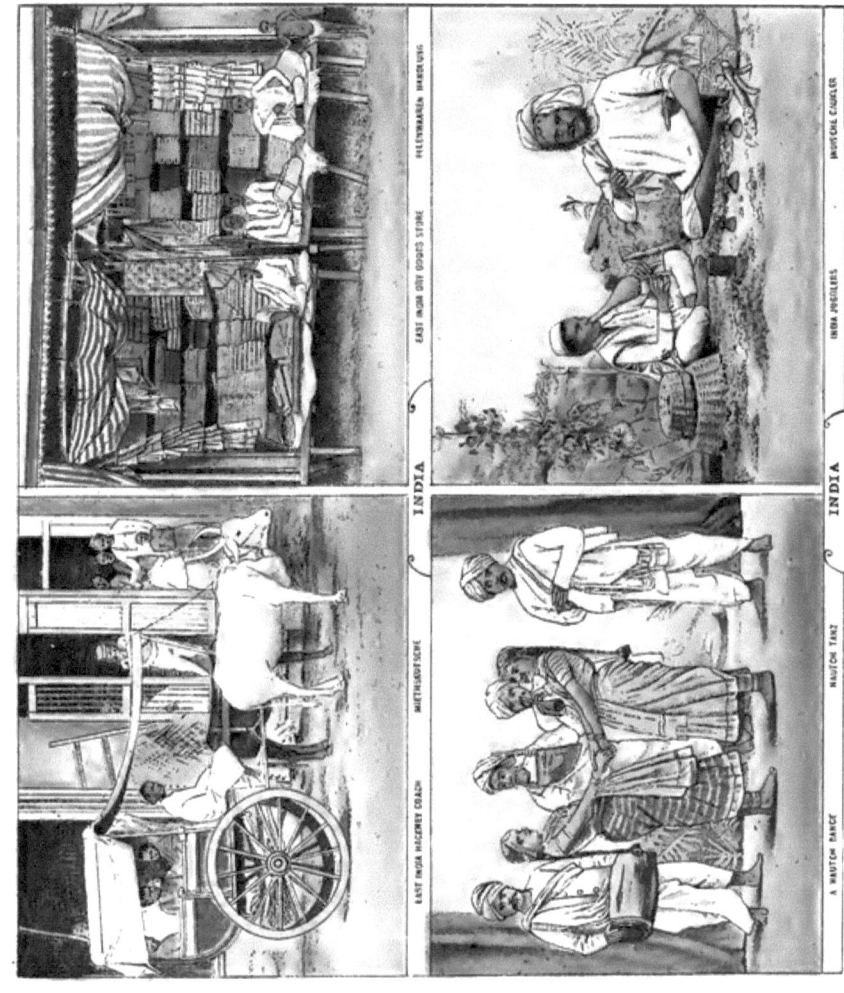

INDIA

EAST INDIA DRY GOODS STORE   PILGRIM AREA, HARIDWAR

INDIA PEDLERS   TROPICAL CHULEER

EAST INDIA HACKNEY COACH   NAUTCH TENT

A NAUTCH DANCE   NAUTCH TENT

Elftes Kapitel.

Ein Ausflug nach dem Himalaya Gebirge und Darjeeling.

ACHDEM wir uns Calcutta zur Genüge ange-
sehen hatten, trafen wir Vorbereitungen zu
einem Ausfluge in das Himalaya Gebirge.
Obgleich während unserer Anwesenheit die
Temperatur in Calcutta während des Tages
fast nie unter 100° Fahrenheit im Schatten war und es Nachts nur
wenig kühler wurde, versorgten wir uns doch, auf den Rath unseres
Führers Razoo, mit wollenen Unterkleidern, Winter-Ueberziehern und
wollenen Decken. Das geschah, um allen Launen der Elemente
trotzen zu können, wenn wir das grosse Himalaya Gebirge erstiegen.

Unser Diener Razoo nahm ein Paar europäische Beinkleider
und einen Rock mit. Beide Kleidungsstücke waren so gross, dass
noch ein anderer Mann von seiner Grösse darin hätte untergebracht
werden können. Er sagte uns, dass er sie vor vielen Jahren von einem
christlichen Missionär geschenkt erhalten hätte und dieselben nur
benütze, wenn er eine Reisegesellschaft in's Gebirge begleite.

Darjeeling, unser Bestimmungsort, liegt 367 Meilen nördlich
von Calcutta im Himalaya Gebirge, etwa 8,000 Fuss über dem Mee-
resspiegel, und ist seit einigen Jahren der beliebteste Sommer-Aufent-
halt in Ostindien. Es giebt dort eine grosse Anzahl schöner Hotels

und Privat-Villen, die während der warmen Jahreszeit bis auf den letzten Winkel mit den fashionabelsten Leuten Indien's besetzt sind. Der Vicekönig mit seinem ganzen grossen Gefolge von Beamten und Dienern siedelt dorthin über, und die Zügel der Regierung werden allem Anscheine nach von hier aus ebenso geschickt gehandhabt wie von Calcutta. Die Residenz des Vicekönigs, welche einige prachtvolle Staats-Gemächer enthält, ist ein grosses, imposantes Gebäude, welches von einem wunderschönen, mit guten Fahr- und Reitwegen ausgestattetem Park umgeben ist. Die Regierung unterhält hier auch ein grossartiges Hospital, wo die wunderbarsten Kuren bei der Behandlung des Jungle-Fiebers und vieler anderen klimatischen Krankheiten erzielt werden.

Wir kamen im März nach Darjeeling und konnten schon, ehe wir diesen Platz erreichten, unsere Ueberzieher sehr gut vertragen. Als wir in Darjeeling anlangten, stand das Thermometer bedeutend unter dem Gefrierpunkt und begrüssten wir deshalb das vom Hotelwirth für uns angezündete Feuer mit Freude. Wir hatten unsere Ankunft telegraphisch von einem Platze am Fusse des Gebirges aus, etwa 51 Meilen von Darjeeling entfernt, angezeigt.

Die Reisebequemlichkeiten von Calcutta nach Darjeeling sind vorzüglich. Eine schöne, breitspurige Eisenbahn verbindet die erstgenannte Stadt mit Siliguri. Man wechselt nur einmal, in Damookdea, am südlichen Ufer des heiligen Ganges, die Wägen. Die Passagiere setzen in einem hübschen Dampfer über den Fluss nach Sara Ghat, wo sie wieder den Zug besteigen und ihre Reise fortsetzen.

Die Gegend an der Bahn bietet keine besonderen landschaftlichen Schönheiten, und erst bei Siliguri wird die Fahrt nach dem Himalaya Gebirge interessant. Hier setzt man sich auf die schmalspurige Bahn, und wird von einer kleinen, aber kraftvollen, Lokomotive langsam und sicher die steilen Bergabhänge nach Darjeeling hinaufgezogen. Es dauert volle acht Stunden, einschliesslich der Anhaltepausen, bis man die 51 Meilen zurückgelegt hat, und die Fahrt würde schrecklich langweilig sein, wenn nicht die Gegend an der Bahn die grossartigsten, erha-

GEORGE MOERLEIN AND PARTY IN INDIA   INDIA   GEORG MOERLEIN UND FREUNDE IN INDIEN

bensten und prächtigsten Gebirgslandschaften zeigte, die man sich nur
denken kann.

Obgleich wir vom Wetter nicht sonderlich begünstigt waren,
wandten wir unsere Zeit doch gut an, indem wir Ausflüge zu Pferde in
die Berge machten. Da uns gesagt worden war, dass wir vom Tiger-
Berge, der ungefähr acht Meilen von Darjeeling entfernt und etwa
10,000 Fuss hoch ist, gelegentlich den Berg Everests, sowie den Kinchin-
chunka, von denen der erstere 29,000 und der andere 28,000 Fuss
hoch ist, erblicken könnten, entschlossen wir uns diese Bergriesen, die
grössten der Welt, unter allen Umständen zu sehen.

Nachdem wir mehrere Male den Tiger Berg erstiegen hatten,
ohne den langersehnten Anblick zu geniessen, da das Wetter trübe
und die Bergspitzen in einen dichten Nebel eingehüllt waren, beschlos-
sen wir früher aufzustehen als die Sonne, und waren deshalb am nächsten Morgen noch vor Sonnen-Aufgang auf dem Berge. Unsere
Belohnung blieb auch nicht aus, denn wir hatten die grossartigste
Aussicht auf die erwähnten beiden Berge, welche majestätisch bis
in die Himmelswölbung hinein anfsteigen.

Der Anblick ist von so überwältigender Erhabenheit, dass
der menschliche Geist nicht im Stande ist, ihn in seiner ausserordent-
.lichen, schrankenlosen Grossartigkeit voll zu erfassen. Wir standen
eine ganze halbe Stunde wie bezaubert da, ohne im Stande zu sein, auch
nur ein Wort hervorzubringen, und erst als sich der Wolkenvorhang
wieder über die Bergspitzen senkte und sie unseren Augen verhüllte,
war es uns möglich, den Zauber zu bannen, von dem wir befangen
waren. Dieser Anblick, einer der wunderbarsten auf unserer Reise,
lieferte noch auf Wochen hinaus das Gesprächsthema und machte so
mächtigen Eindruck auf uns, dass wir ihn lebenslang im Gedächtniss
behalten werden.

Früh am nächsten Morgen begaben wir uns auf den Rückweg
hinunter in's Thal; bald hatten wir die kalten Regionen hinter uns und
fuhren über die glühende Ebene nach Calcutta zurück, etwas abge-
spannt, aber sehr zufrieden mit dem Resultate unseres Ausfluges.

Zwoelftes Kapitel.

Reisen in Indien.

FOUNTAIN OF MOSES   EGYPT   OASE AN DER MOSES QUELLE

IE Rückreise nach Calcutta verlief ohne beson-
deren Zwischenfall und war eigentlich ziemlich
langweilig. Obgleich wir müde und abge-
spannt ankamen, verloren wir doch keine Zeit
zu den Vorbereitungen für unsere Reise
"durch das Herz Indiens." Wir gönnten uns nur eine Nacht
Ruhe und begaben uns gleich am Morgen nach unserer Rückkehr von
Darjeeling und dem Himalaya-Gebirge auf diese Tour, welche reich an
Abenteuern und Gefahren zu werden versprach.

Unsere Reiseroute hatte Delhi als nördlichen Endpunkt, während
die bekannten Städte Benares, Allahabad, Cawnpore und Agra als
Stationen vorgemerkt waren. Von Delhi wollten wir über Jeypoor
und Ahmedabad nach Bombay vordringen und überall da anhalten,
wo es uns gefiel.

Die Landschaft auf dieser Route bietet, wenn man erst die reizenden Mohn- und Indigo-Felder im Osten von Hindostan hinter sich
hat, nichts besonders Bemerkenswerthes. Alles Land, das culturfähig
ist, wird auch bebaut, ergiebt aber verhältnissmässig keine so grossen
Ernten, wie in anderen Ländern, da es seit Hunderten, ja Tausenden

von Jahren ausgezogen wurde, ohne ein Aquivalent in Gestalt von rationeller Düngung zu erhalten. Ab und zu wird die Monotonie der prairieartigen Felder durch schöne Haine von Palmen, Mangos, Akazien und anderen indischen Bäumen unterbrochen.

Zwischen Delhi und Jeypoor findet man Ruinen vieler alter Feudal-Burgen, von denen manche noch von hohen und dicken Mauern umgeben sind. Zur Zeit ihres Erbauens müssen diese Burgen uneinnehmbare Festungen gewesen sein und Schutz gegen systematischen Raub und Mord gewährt haben; da jetzt überall Ruhe und Frieden herrscht, so sind sie zwecklos geworden.

In dem mittleren und nordwestlichen Theile von Indien sieht man eine grosse Masse von Kameelen, viele davon in den Strassen der Stadt, auf den Landstrassen und auf den Feldern, wo sie manchmal sogar vor den Pflug gespannt werden. Sie weiden auf den ausgebreiteten Wiesen, wie das Vieh in den Prairien unseres Westens.

Ehe wir nach Indien kamen, hatten wir die schrecklichsten Geschichten von den grossen Gefahren, die dem Reisenden dort drohen, gelesen und gehört. Man hatte uns gesagt, dass das Land voll von Elephanten, Tigern, Leoparden, Schlangen, Alligatoren, Scorpionen und tausenderlei anderen wilden Thieren und giftigen Insecten sei, die nur darauf warteten, sich an dem Blute des Abenteurers zu laben, der sich unterfange, seinen Fuss auf indischen Boden zu setzen.

Diese Geschichten hatten auch ihre Wirkung auf uns ausgeübt, oder wenigstens bezweckt, dass wir fortwährend auf irgend etwas Aussergewöhnliches gefasst waren. Sobald wir durch eine, unserer Ansicht nach, gefährliche Gegend kamen, waren wir ganz Auge und Ohr und hielten stets unsere Revolver, sowie schwere Stöcke von mindestens einem Zoll im Durchmesser, in Bereitschaft.

Es wird behauptet, dass wenigstens 20,000 Personen in Indien jährlich allein an dem Biss giftiger Schlangen sterben, doch konnten wir Niemanden finden, der im Stande gewesen wäre, uns aus eigener Erfahrung authentische Auskunft über derartige Todesfälle zu geben.

Ein Deutscher, der in einem der grössten Häuser Calcutta's angestellt ist, erzählte uns eines Abends im Great Eastern Hotel, dass er
während der zehn Jahre, die er in Indien zugebracht, höchst selten
von einem Todesfalle, in Folge eines Schlangenbisses, gehört habe.
Die grösste Gefahr für den frisch in's Land Kommenden ist das
Klima, dessen Eigenthümlichkeit bedeutend mehr Opfer fordert, als
alle anderen Ursachen zusammen. Auch das Trinken reinen Wassers
wird als sehr gefährlich angesehen, und kein Fremder, der noch nicht
acclimatisirt ist, trinkt Wasser ohne Zusatz von Brandy, Rothwein, oder
sonst einem spirituösen Getränk.

Für Temperenzler ist Indien kein Land. Englisches Ale und
deutsches Bier werden viel getrunken, besonders das letztere, welches
in den letzten drei Jahren sehr in Aufnahme gekommen ist.

Mehrere Brauereien in Deutschland machen das Brauen von Bier
für den fernen Osten zu einer Specialität und exportiren jährlich grosse
Quantitäten. Es wird bald der Ausfuhr von Ale und Porter von den
brittischen Inseln nach Indien sehr erheblichen Abbruch thun.

Das Reisen auf den Eisenbahnen in Indien ist trotz verschiedener Widerwärtigkeiten, wie Hitze, Ungeziefer und andere Unannehmlichkeiten, keineswegs sehr unbequem. Das Eisenbahn-System Indiens wird kaum von irgend einem in der Welt übertroffen. Die Bahnen sind gut gebaut und die Bahnhöfe schöne und solide Gebäude,
welche von Gartenanlagen umgeben sind.

Auf jeder grossen Station findet man eine Restauration, wo der
hungrige und durstige Reisende seinen Appetit con amore stillen kann.
Die Waggons sind gross and luftig. Sie sind nach dem englischen
Coupé-System gebaut und mit allen modernen Einrichtungen für die
Bequemlichkeit der Passagiere ausgestattet, und zwar mit manchen,
welche man in den Waggons deutscher und englischer Eisenbahnen ver-
geblich sucht.

In jedem Coupé haben vier Personen Platz, die angenehm darin
sitzen und sich für die Nachtruhe alle Bequemlichkeiten verschaffen

können, indem man, ähnlich wie in den Pullmann'schen Palastwagen, an beiden Seiten ein Fach über den Sitzen herauszieht, wodurch eine Lagerstätte geschaffen wird, welche gross und breit genug zum Schlafen ist; wir schliefen manche Nacht auf denselben so gut wie in den schönsten Betten.

Gewöhnlich führen die Reisenden in Indien in einer kleinen Reisetasche ein Kopfkissen und ein Bettlaken mit sich. Das letztere wird Nachts zum Zudecken benutzt, ausschliesslich für den Zweck um die weissen Anzüge, die dort allgemein getragen werden, vor dem Schmutzigwerden zu schützen.

Einige der Bahnen in Indien, besonders die zwischen Ahmedabad und Bombay, wirbeln solche Massen von Staub auf, wie die in dieser Beziehung berüchtigten Bahnen Egyptens. Der feine Sand fliegt fortwährend durch den Zug und bedeckt Alles, die Passagiere mit eingeschlossen, mit einer dicken Lage gelben Staubes. Die Luft ist so mit feinen Sandkörnern angefüllt, dass der arme Reisende kaum athmen kann. Diese Art von Eisenbahnreisen sind also nicht sehr angenehm. Auf unserer ganzen Reise durch Indien, auf der wir etwa 2,800 Meilen zurücklegten, schleppten wir uns nie mit unnöthigem Gepäck. Unsere hellen Ueberzieher dienten einem doppelten Zwecke, denn am Tage benutzten wir sie als Staubröcke und Nachts als Kopfkissen. Eine Extra-Garnitur weisser Wäsche zum Wechseln und ein guter Vorrath von Taschentüchern war unsere ganze Ausstattung, welche kaum die eine Seite von gewöhnlichen Handtaschen ausfüllte. Unsere Koffer und Reisetaschen, die unser Gepäck enthielten, wurden von Calcutta direct nach Bombay als Eil-Frachtgut spedirt.

Unser Führer Razoo, der uns bis Bombay begleitete, war der Glücklichste der Sterblichen, als er unser leichtes Gepäck sah, da er natürlich die Obhut darüber erhielt. Ein von ihm für uns gezimmerter Eisschrank, der mit Filz ausgefüttert war, um die übergrosse Hitze abzuhalten, that uns vorzügliche Dienste. Die eine Seite des Schrankes, welcher wie eine Kiste, die zum Versenden von Lichtern

BAZAAR IN ALEXANDRIA

EGYPT

BAZAAR IN ALEXANDRIA

gebraucht wird, aussah, blieb immer mit Eis gefüllt, das man in jeder Stations-Restauration kaufen konnte, während wir auf der anderen einen Vorrath von Sodawasser, Rothwein und Obst, welches immer frisch und kühl blieb, hielten.

Eine der angenehmsten und zugleich humansten Einrichtungen auf den indischen Bahnen ist die, dass an jeder Station frisches Wasser an jedes Waggonfenster gebracht und von extra dazu angestellten Personen gratis verabreicht wird. Da sehr oft angehalten wird, so braucht Niemand Durst zu leiden.

Die Hindus reisen viel und es kömmt höchst selten vor, dass die Waggons dritter und vierter Klasse, welche sie gewöhnlich benutzen, nicht überfüllt sind. Die Züge laufen so häufig wie bei uns, und da kein Zug mit weniger als zwanzig, oft aber auch mit vierzig Waggons, die fast zu drei Viertheilen von Eingeborenen besetzt sind, abgeht, so ist dies ein Beweis wie gerne die Hindus reisen. Die Actionäre der Bahnen haben natürlich den Vortheil davon und beziehen grosse Dividenden, welche in kurzen Zwischenräumen ausgezahlt werden.

Um wieder zu den Bewohnern Ostindiens zurückzukehren, will ich, ohne ihre Sitten, Gebräuche und Gewohnheiten, die von berufeneren Federn bereits besser geschildert worden sind, als ich es im Stande wäre, zu beschreiben, nur bemerken, dass ich Alles so fand, wie ich vorher unterrichtet worden war. Nur in Bezug auf einen Gegenstand stimmten frühere Darstellungen nicht mit meinen Beobachtungen überein, und das war in Bezug auf die Ausübung der brahmanischen Religion.

Der Anblick der Hindus, der eingefleischtesten aller Götzendiener, in ihren Tempeln, welche meistens von Schmutz starren und einen pestilenzialischen Geruch verbreiten, wo sie den Myriaden ihrer Götzen in Gestalt von Stieren, Hunden und Affen dienen, ist so abschreckend und ekelhaft, dass jeder civilisirte Mensch sich mit Abscheu davon abwendet.

Dreizehntes Kapitel.

Durch das Herz von Indien.
Benares, Allahabad, Cawnpore, Agra,
Delhi und Bombay.

ABCENDING THE PYRAMIDS   EGYPT   BESTEIGEN DER PYRAMIDEN

 Nachfolgendem will ich einige unserer persönlichen Erfahrungen erzählen und versuchen, alles Das zu schildern, was wir in den verschiedenen Städten auf unserer Reise durch Indien sahen.

Unser erster Halteplatz von Calcutta aus war Benares, am Ganges, dem heiligen Flusse Indiens. Die Einwohnerzahl der Stadt wird auf 900,000 angegeben, wovon neunzig Prozent Hindus sind. Für diese ist Benares der heiligste Ort auf Erden ; es ist ihr Mekka.

Tausende, ja man kann sagen Hunderttausende von Pilgern strömen hierher, um ihrem Gott Brahma in zahllosen, demselben geweihten Stätten ihre Ehrfurcht zu erweisen und ihre Sünden im heiligen Wasser des Ganges abzuwaschen. Auf viele Meilen hinaus sind die Ufer mit grossen und prächtigen Palästen der eingeborenen Fürsten, Maharajahs, reichen Nabobs und Anderen, die häufig hierher kommen, wenn sie von der Last ihrer Sünden niedergedrückt werden und sich ihrer entledigen wollen, besetzt. Alle klammern sich hartnäckig an die ihnen von den Priestern beigebrachte Lehre, dass das Baden im Ganges und das Trinken seines Wassers, sowie reiche

Opferspenden, sie wieder so rein und fleckenlos mache, wie sie an dem Tage waren, an welchem sie geboren wurden.

Benares besitzt über tausend Tempel und mehrere Hundert Moscheen, die mit ihren Kuppeln und Minarets, neben den Palästen am Flussufer, von der Brücke aus, einen bezaubernden Anblick gewähren. Aber welchen Contrast bietet die innere Stadt! Viele Strassen sind so eng, dass wenn zwei Personen sich darin begegnen, eine unbedingt in eine Nische, oder Hausflur, eintreten muss, um die andere passiren zu lassen. Andere sind zwar breit, aber des tiefen Sandes wegen, welcher den Fahrweg bildet, kaum passirbar. Reinlichkeit wird nicht verlangt, man kann sich also vorstellen, wie die Strassen aussehen.

Der grösste Theil der Stadt kam uns vor wie ein Haufen von Ruinen und, mit Ausnahme des Quartiers der Eingeborenen in Shanghai, war dies der schlimmste Ort, den wir noch betreten hatten. Unter der Führung Razoo's besuchten wir einige der schönsten Tempel, darunter den weltberühmten "goldenen Tempel" und den gleich berühmten "Affen-Tempel."

Der goldene Tempel macht von Aussen auf den Fremden, durch sein Schaugepränge, einen guten Eindruck. Sein Inneres ist wie alle Tempel der Hindus mit einer Masse von aus Stein, Holz, Elfenbein und anderem Material verfertigten Götzen aller Art angefüllt. Stiere, Ziegen, Affen und Hunde treiben sich unbelästigt in demselben herum. Einige der Götzen müssen eine besondere Vorliebe für Blumen besitzen, denn in manchen Theilen des Tempels war der Boden buchstäblich damit bedeckt.

Durch schlaues Manövriren, oder vielmehr durch die Unverschämtheit unseres Führers, bekamen wir ein Schauspiel zu sehen, das nur wenigen Touristen, die Benares besuchen, geboten wird. Nachdem Razoo uns die Horde Bettler, welche uns fortwährend folgte, vom Halse geschafft hatte, indem er ihnen kleine Münzen verabreichte, stieg er die Stufen zu einer kleinen Erhöhung hinan, von der aus eine Thüre nach einem geheimen Gemache führte.

Razoo flüsterte uns zu, dass er die Thüre so weit als möglich aufstossen werde und wir uns so postiren sollten, dass wir in das Innere des Raumes sehen könnten, wenn sein Anschlag gelinge. Wir thaten das; die Thüre gab sofort nach und öffnete sich weit, und dass wir sofort unsere Köpfe hineinstreckten, um zu sehen, was da zu erschauen wäre, versteht sich wohl von selbst. Aber kaum war die Thür zehn Secunden offen, als sie mit grossem Lärm und einem Krach zugeschlagen wurde.

Auf Razoo's Rath verliessen wir jetzt den Tempel schleunigst, denn wir hatten das Allerheiligste profanirt. Was wir gesehen hatten? Links von der Thüre einen grossen mit Vieh angefüllten Platz, der wie ein gewöhnlicher Kuhstall aussah. Es müssen ungefähr vierzig Kühe darin gewesen sein, jede reich mit Bändern und Blumen geschmückt. Eine Bande Fanatiker, Männer, Frauen und Kinder, die sich benahmen, als hätte die Religion ihnen die Köpfe verdreht, schmückten die Thiere. Als sie unserer ansichtig wurden, blickten sie erst wie von Verwunderung erstarrt auf uns, schossen aber dann auf uns zu und machten drohende Gesten, während sie die Thür so schnell als möglich wieder schlossen. Sie versuchten dann sich auf uns zu stürzen, wir waren aber schneller und entkamen ihnen unversehrt.

Wir erfuhren nachher, dass wir den Platz gesehen hatten, in welchem die heiligen Kühe gehalten werden, und dass dies einer der geweihten Orte in Benares ist. Er ist streng gegen alle Nicht-Brahmanen abgeschlossen und wird sorgfältig bewacht.

Das Innere des Affen-Tempels gleicht dem aller anderen Tempel, nur wird hier einer Heerde von Affen erlaubt, sich nach Herzenslust zu amüsiren. Sobald wir die innere Umfriedigung passirt hatten, waren wir sofort von mindestens einem Dutzend Verkäufern von Zuckerwaaren und ebenso vielen, oder noch mehr, Affen umringt.

Die letzteren deuteten uns durch ihre komischen Geberden,

so wie ihr infernalisches Geschrei, deutlich an, was sie von uns wollten. Sie bettelten um Süssigkeiten, und zwar so eindringlich, dass wir einen grossen Theil des Vorrathes kauften und die Zuckersachen von kleinen Jungen, die Razoo zu diesem Zwecke engagirte, unter die Affen vertheilen liessen. Nur so konnten wir sie los werden.

Als wir den Tempel verliessen, folgte uns eine Bande der zudringlichsten Bettler, die wir je getroffen hatten. Frühere Erfahrungen hatten uns gelehrt, dass das Beste, was wir unter den Umständen thun konnten, war, an Jedermann Almosen auszutheilen. Unser Kleingeld reichte aber nicht für alle, und so folgten uns einige Bettler noch über eine Meile weit, trotzdem wir sehr schnell fuhren.

Am Flussufer entlang findet man auch einige Plätze, auf denen die Hindus ihre Todten verbrennen. Das Verfahren ist sehr einfach. Die Leiche wird auf einen Scheiterhaufen gelegt und dieser in Brand gesteckt; natürlich ist der Geruch, der von da aus sich auf die umliegenden Plätze erstreckt, nicht besonders angenehm. Ja, derselbe ist so intensiv, dass Niemand, dessen Riechorgane nicht daran gewöhnt sind, sich darnach sehnt, die Erfahrung ein zweites Mal zu machen.

In Benares litten wir furchtbar von der Hitze. Die Kraft der Sonnenstrahlen wird durch ihren Reflex auf den Sand, auf welchem die Stadt erbaut ist, noch verdoppelt, und es entsteht dadurch eine Temperatur, die unserer Ansicht nach Stärke genug hätte besitzen sollen, um alles Gold in und um den goldenen Tempel herum zu schmelzen.

Von keiner Stadt, welche wir auf der ganzen Reise besuchten, nahmen wir so gern Abschied als von Benares.

Allahabad, unser nächster Halteplatz, wird "die Stadt Gottes" genannt, und ist ebenfalls eine der heiligsten Städte Indiens. Ihre Heiligkeit besteht besonders darin, dass sie am Zusammenfluss dreier geweihten Flüsse liegen soll. Der Jumna und der Ganges existiren in Wirklichkeit, der dritte Fluss aber strömt nur in der Einbildung der Fanatiker, denen man den Glauben beibrachte, dass er im Himmel entspringt und über Allahabad hinausfliesst.

DANCING DERWISHES   EGYPT   DANCING DERWISHES

FELLAH WOMEN IN CAIRO   FELLAH WOMEN IN CAIRO

SNAKE CHARMERS   SCHLANGENBÄNDIGER

Die Stadt ist ein lebhafter Geschäftsplatz mit einer Bevölkerung von 70,000 Einwohnern. Die Strassen bieten, besonders am frühen Abend, ein animirtes und höchst interessantes Bild. Der Verkehr ist so lebhaft, dass unser Gefährt nur langsam vorwärts kam.

Das Fort ist nicht weit von der Stadt entfernt und wurde vor etwa drei hundert Jahren von dem Gross-Mogul Akbar gebaut. Es wurde kürzlich von den Engländern renovirt, wodurch sie in den Stand gesetzt wurden, hier das ganze Jahr hindurch eine starke Garnison zu halten.

In einem der Gewölbe des Forts sind noch die Ruinen eines alterthümlichen Hindu-Tempels zu sehen. Ein priesterartig aussehendes Individuum führte uns dort herum und zeigte uns bereitwillig die wunderbarsten Curiositäten—für eine Rupie (vierzig Cents) das Stück; wir waren aber so vorsichtig, nicht zu viel Geld in dieser Speculation anzulegen, denn wir beschränkten unsere Ausgaben auf drei Rupien. Das schien unserem Priester-Führer nicht sehr zu passen, doch machte er keinerlei unangenehme Bemerkungen.

Die prachtvollen und kostspieligen Paläste, welche einst das Innere des Forts schmückten, sind zum Theil noch vorhanden, und einzelne Partien sogar ganz gut erhalten. Sie sind die stummen, aber nichts destoweniger beredten, Zeugen der einst so mächtigen Herrschaft der Grossmoguls.

Von Allahabad wandten wir uns nach Cawnpore, wo wir das prächtige Monument, errichtet zum Gedächtniss an die unglücklichen englischen Einwohner, die in dem Aufruhr von 1857 hingeschlachtet wurden, besichtigten. Hier in Cawnpore nahm der schreckliche Aufstand der Sepoys, welcher so viel kostbares Blut forderte und durch den, zu einer Zeit, die Herrschaft England's in Indien stark bedroht wurde, seinen Anfang. Während dieser Rebellion wurden solche schreckliche und barbarische Greuelthaten verübt, wie die Geschichte sie kaum zum zweiten Male aufzuweisen hat.

Wir verliessen Cawnpore mit seiner düsteren Vergangenheit und

lenkten unsere Schritte nach Agra, welches in der guten alten Zeit die
Residenz der mächtigen Gross-Moguls Akbar, Jehangeer und Shah
Jehan war, die während des sechszehnten und siebzehnten Jahrhunderts
mit einem Glanze und königlichem Aufwande regierten, wie ihn die
Welt weder vorher noch seitdem je wieder gesehen hat.

Das grosse Fort zu Agra, welches von Akbar gebaut wurde, ist ein
colossaler und massiver Bau, der dem Anscheine nach in damaliger
Zeit jedem Angriffe widerstehen könnte. Innerhalb seiner Mauern
sind grossartige Paläste dieses Herrschers, sowie seines Enkels Shah
Jehan aufgeführt. Sie sind Wunderwerke in Bezug auf Schönheit und
Pracht und spiegeln ganz jene glorreiche Zeit wieder, in der sie erbaut
wurden. Für ihren Bau wurden fabelhafte Summen verwendet und
ihre architectonische Schönheit hat ihnen einen Weltruf verschafft.

Die "Jumna-Musjid," oder "grosse Moschee," liegt, in der Nähe
des Forts, innerhalb der Stadt. Sie ist ein grossartiges Gebäude, das
neben den anderen Monumenten der Gross-Mogul-Zeit seinen Platz
behauptet. Alle diese Zeugen der einstigen Grösse von Nord-Indien
sinken indess neben dem schönsten aller Gebäude, der "Taj," zur Nich-
tigkeit herab. Die "Taj," wer hat von ihr noch nicht gehört?

Ich erinnere mich, dass unser Lehrer, als ich noch ein kleines
Kind war, uns eine glühende Schilderung davon gab. Damals glaubte
ich ein reizendes Märchen zu hören und ich vergass die Erzählung
nie. Als ich älter wurde und zum Bewusstsein kam, dass dieser rie-
senhafte Bau wirklich existire, dass dieses Wunderwerk im nördlichen
Indien in der That zu sehen sei, da fasste ich den festen Entschluss, dass
ich eines Tages die Reise dorthin unternehmen wolle, um das Wunder
mit eigenen Augen zu schauen.

Mein Wunsch war nun erfüllt. Ich sah—und ich werde nie auf-
hören, das Gesehene zu bewundern. Die Taj wurde von Shah Jehan
nach dem Tode seiner Lieblings-"Begum" (Gattin), Namens Montaj
—I—Mahal—Ranoo—Begum, oder Noor Mahal, erbaut und sollte ihre

letzte Ruhestätte sein. Es ist ohne Zweifel das dauerhafteste, kost-spieligste und für den Zweck passendste Monument, das je errichtet wurde, um das Andenken einer geliebten Dahingeschiedenen zu ehren. Wer es gesehen hat, ist davon überzeugt, dass der Gross-Mogul seine junge Frau Montaj—I—Mahal, "den Stolz des Palastes," aufrichtig liebte. Beide ruhen jetzt nebeneinander, da auch die sterbliche Hülle Shah Jehan's, nach seinem Tode, im Jahre 1666, fünf- und dreissig Jahre nach dem Tode Noor Mahal's, in der Taj beigesetzt wurde.

Es wäre für mich ein ebenso vergebliches Bemühen eine einiger-maassen annähernde Beschreibung dieses grandiosen Grabmales zu ge-ben, als wenn ich es unternehmen wollte, den stillen Ocean zu durch-schwimmen. Beides wäre mir unmöglich, und ich bin überzeugt, dass überhaupt noch nie eine Beschreibung der Taj geliefert wurde, welche ihr nur annähernd Gerechtigkeit widerfahren lässt.

Auf mich machte sie den Eindruck eines in der Luft schweben-den Feenschlosses, wie sie in "Tausend und eine Nacht" beschrieben werden. Sie ist so grossartig, edel, erhaben und so zauberhaft schön, dass man kaum glaubt, dass Menschenhände dieses Meisterwerk errichtet haben. Von weissem Marmor gebaut sieht sie bei Mondschein aus, als ob eine schneeweisse Wolke aus dem Aether herabhänge und Feen-hände die Contouren der Taj hervorgezaubert hätten.

Ich werde nie das tief-traurige Gefühl vergessen, das mich überkam, als ich vor den beiden Gräbern stand. Der Eindruck war so überwältigend, dass mir zu Muthe war, als sollte ich weinen, wie ein Kind. Die Thränen traten mir in die Augen, trotzdem ich meine ganze Selbstbeherrschung anwandte, um sie zurückzuhalten. Das Ganze war so feierlich und schien mir zuzurufen : "Sie haben sich im Leben über Alles geliebt und sind jetzt glücklich vereint im Tode!"

Ungern schied ich von diesem ausserordentlichen Bauwerke, und als ich endlich der "Taj" den Rücken wandte, geschah es mit dem Wunsche, dass es mir vergönnt sein möchte, noch einmal im Leben an diese Stätte zurückzukehren.

In ganz Indien giebt es thatsächlich nur zwei Plätze, die ich gerne wieder sehen möchte: das grossartige Himalaya Gebirge, das mächtige Gebilde Gottes und die unvergleichliche Taj, dieses Wunder-Werk von Menschenhänden, welches der göttlichen Schöpfung so nahe kommt.

Nachdem ich mich einigermaassen von dem Anfluge von Melancholie, welche die Taj bei mir hervorgerufen, frei gemacht hatte, beschloss ich die Bäume und Sträucher, sowie die herrlichen Blumen, welche in üppiger Fülle die grossen Gärten vor der Taj schmücken, zu besichtigen. Während ich aber dort sorglos herumflanirte, empfand ich plötzlich im Nacken einen solchen Schmerz, dass ich laut aufschrie. Meine sofort angestellte Untersuchung ergab, dass eine grosse Biene ihren scharfen Stachel tief in mein Fleisch versenkt hatte. Kaum hatte ich dieselbe getödtet, als ich sofort von einem Schwarm der bösartigsten Bienen, die ich je sah, umringt war. Sie versuchten ihr Bestes, sich auf irgend einem unbeschützten Theile meines Körpers festzusetzen und mich geradeso anzugreifen, wie mein eben getödteter Feind. Meine Hände und Arme schwirrten bald mit unglaublicher Geschwindigkeit um meinen Kopf herum, um die Bienen am Stechen zu verhindern, und so schnell als meine Beine mich tragen konnten floh ich zu meinen Freunden, denen es gelang, einige meiner hartnäckigen Gegner zu tödten und die anderen in die Flucht zu schlagen. Eine dieser kampflustigen Creaturen musste aus meinen Schnurrbart entfernt werden, wo sie sich wahrscheinlich versteckt hatte, um bei günstiger Gelegenheit mein Blut zu kosten.

Unser Führer erzählte mir, dass am Tage vorher ein Picnic von Kindern der öffentlichen Schulen von Agra in diesen Gärten abgehalten und eine ganze Anzahl der Kleinen von den Bienen arg zerstochen wurde. Da die Gärten factisch von Bienen wimmeln, so ist es kein Wunder, dass derartige Unfälle vorkommen. Ueberall kleben an den Wänden und Plafonds Bienen-Nester, und selbst das geheiligte Innere der Taj ist nicht frei von den Eindringlingen. Mitten in der Kuppel befindet sich ein Nest und dasselbe darf nicht fortgeschafft

SPHINX AND PYRAMIDS — EGYPT — DIE SPHINX UND PYRAMIDEN

MEHEMET ALI MOSQUE AT CAIRO — EGYPT — DIE MOSCHEE MEHEMET ALI'S IN CAIRO

werden, was sicherlich nicht die Schönheit des Platzes erhöht. Ich kann wohl sagen, dass ich herzlich froh war, als ich mich aus dem Garten, und somit aus dem Bereiche meiner Feinde, entfernt sah.

In Agra hatten wir das Glück uns der Dienste des beliebten Hindu-Führers "Baboo Gobind Ram" versichern zu können und mit seiner Hülfe vieles Sehenswerthe in Augenschein zu nehmen.

Von Agra begaben wir uns nach Delhi, wo Baboo Gobhidial, ein der höchsten Kaste angehöriger Hindu, unsere Führerschaft übernahm und uns die interessantesten Plätze dieser berühmten indischen Hauptstadt zeigte.

Delhi ist ein grosser Stapelplatz für das nordwestliche Indien und zählt über 200,000 Einwohner. Alle Nationen und Stämme Asiens, sowie viele Länder Europa's sind dort vertreten. Die grossen Verkehrswege sind vollgedrängt mit geschäftigen Leuten, welche sich vom frühen Morgen bis zur Nacht in den Strassen aufhalten. Es ist ein äusserst belebter und höchst interessanter Anblick. In der Stadt befinden sich mehrere schöne Gärten, und auch in den angrenzenden Vorstädten findet man solche. Alle sind vorzüglich im Stande und unter strenger englischer Obhut.

Das Fort und die Paläste sind, wie die in Agra, stumme Zeugen des einst mächtigen Reiches der muhammedanischen Herrscher.

In der grossen Moschee, einem colossalen Gebäude von auffallend schöner Architectur, zeigte man uns gegen ein Entree von einer Rupie für die Person, folgende "echte" Reliquien: Auszüge aus dem Koran, von dem grossen Propheten Muhammed selbst auf Pergament geschrieben; den ganzen von Muhammed's Schwiegersohn geschriebenen Koran; einen von Muhammed's Schuhen; seine Fussstapfen in einem massiven Felsen, und schliesslich ein Haar aus dem Barte dieses heiligen Propheten. Das letztere ist ungefähr 4 Zoll lang, feurig roth und beinahe so stark wie das Haar aus dem Schweife eines Pferdes.

In Jeypoor, auf dem Wege von Delhi nach Bombay, über

Baroda, befinden sich die Riesenbehälter mit den "heiligen Alligatoren," welche sich, ehe die englische Regierung einschritt, nur mit dem
Fleische von Menschen mästeten, die von ihren fanatischen Verwandten
als ein den Göttern dargebrachtes Opfer dort hinein geworfen wurden.

Obgleich die englische Regierung diese schrecklichste aller
Hindu-Sitten abgeschafft hat, muss sie doch fortwährend äusserst
wachsam sein, damit die Eingeborenen sie nicht wieder einführen.
Bei diesen eingefleischten Götzendienern giebt es nur ein Ueberzeu-
gungsmittel und das ist die Kanone. Pulver und Blei haben sie zur
Raison gebracht, nachdem alle anderen Mittel sich als kraftlos erwiesen hatten. Obgleich die Missionäre und Schullehrer den christlichen
Glauben in manchen Gegenden mit grossem Erfolge eingeführt haben,
wurden die besten Resultate doch in dem Theile Indiens erzielt, wo
englisches Militär stationirt ist.

Bombay, die Weltstadt der westlichen Küste, vielleicht die
grösste des Ostens, Calcutta nicht ausgenommen, hat sehr viele prächtige Gebäude, schöne öffentliche Anlagen und breite, reine Strassen.
Mit anderen Worten, es sieht aus wie eine europäische, oder amerikanische Grossstadt, die mit Farbigen bevölkert ist. Der Stadttheil der
Eingeborenen besteht, ungleich dem in Calcutta, zum grössten Theile
aus vier- und fünfstöckigen Häusern, und das Treiben auf den Strassen
ist noch bedeutend lebhafter als wie das an der Wall Strasse, oder am
Broadway in New York, oder der Washington Strasse in Boston.
Manche Strassen sind so vollgepfropft mit Menschen, dass ein Wagen
unmöglich passiren kann.

Die Parsen bilden einen grossen Theil der Bevölkerung von
Bombay, denn sie zählen mindestens hunderttausend Seelen. Sie kamen
ursprünglich aus Persien und sind Anbeter Zoroaster's (Feuer-Anbeter).
Zoroaster war ein persischer Prophet, der seine Lehren etwa 600 Jahre
vor dem christlichen Zeitalter verkündete. Die Art und Weise, wie
diese Secte sich ihrer Todten entledigt, ist wahrhaft empörend. Die
nackte Leiche wird auf ein Gitter gelegt, das sich auf der Spitze eines

Thurmes befindet und dort den Geiern, Falken und anderen fleisch-
fressenden Vögeln preisgegeben, und diese verzehren das Fleisch und
die Eingeweide, während die Knochen in den Thurm fallen, wo sie
verfaulen.

Diese Feuer-Anbeter sind übrigens ausgezeichnete Geschäftsleute und nehmen in der Kaufmannschaft dieser Weltstadt eine sehr
bedeutende Stelle ein. Sie besitzen sehr viel Grundeigenthum in der
inneren Stadt, wo eine grosse Anzahl der schönsten und grössten Gebäude ihr Eigenthum sind. Ausserdem sind sie auch im Besitz grosser
Ländereien im westlichen Theile von Indien.

Die parsischen Frauen sind reizende Geschöpfe. Man erfreut
sich ihres Anblickes am meisten, wenn sie gegen Abend in ihren offenen
Equipagen, in farbige Gewänder mit geschmackvollem Faltenwurf
eingehüllt, auf der Promenade erscheinen. Ihr Teint ist schneeweiss
und dabei haben sie schwarze, strahlende Augen und üppiges, schwarzes
Haar. Ihre Statur ist klein, aber sie sind sehr gut proportionirt.

Das Apollo-Bunder ist ein schöner, am Hafen gelegener
Pavillon, wo bei Sonnenuntergang das englische Militär-Orchester
an jedem Abend ein ausgezeichnetes Concert giebt. Hier findet
sich die Elite der Bevölkerung dieser grossen Stadt ein und promenirt
auf und ab; viele fahren auch in eleganten Equipagen, oder reiten
vorüber.

Alle sind nach der neuesten Mode, jedoch mit Rücksicht auf das
heisse Klima, gekleidet und der Anblick ist ausserordentlich anziehend.
Im Grossen und Ganzen überstrahlen die Parsen-Damen ihre europäischen Schwestern, sowohl in Eleganz der Kleidung, als auch in der
Pracht ihrer Equipagen.

Die Elephanten-Höhle, etwa 6 Meilen von Bombay entfernt auf
einer Insel in der Bai gelegen, ist ein Hindu-Tempel mit einer Masse
von unterirdischen Gemächern, die mit grossen Steingebilden von Göttern und Göttinnen angefüllt sind. Sie sollen schon seit dem sechsten
Jahrhundert dort stehen.

Die Götzen sind arg verstümmelt, da die Portugiesen im sechzehnten Jahrhundert bei einem Bombardement eine Anzahl von Kanonenkugeln dorthin abschossen.

Man macht die Fahrt nach der Elephanten-Insel in einer kleinen Dampf-Yacht, die dem Hotel gehört, und der Besuch der Höhlen füllt einen Nachmittag sehr angenehm aus.

In Bombay sahen wir auch einige der besten Schlangenbeschwörer Indiens. Mancher dieser Schlangen, die zu der Species Python gehörten, waren über fünfzehn Fuss lang und von vierzehn bis achtzehn Zoll dick. Auch einige schöne Exemplare von Cobras waren zu sehen, und ich bemerkte, dass die Schlangenbeschwörer diese mit ganz besonderer Vorsicht behandelten.

Alle Geschichten über die Schlangenbeschwörer von Ostindien, die so oft erzählt werden und Glauben finden, dass sie nämlich die Schlangen mit der grössten Sorglosigkeit hantiren, ja, dass sie sich sogar beissen lassen und der Biss unschädlich ist, sind Erfindungen und rein aus der Luft gegriffen. Sie sind gerade so wenig gegen das tödtliche Gift der Cobra gefeit, wie andere Sterbliche, und sie wissen das auch ganz genau, denn man kann deutlich sehen, mit welcher Vorsicht sie bei ihren Vorstellungen diese Schlangen behandeln. Ihre zahlreichen und weltbekannten Zaubereien sind in jedem Falle nichts weiter als Taschenspieler-Kunststücke.

Die Nautch-Tänzer und Tänzerinnen sind ebenfalls eine bemerkenswerthe Sehenswürdigkeit. Die Mädchen sind meistens sehr hübsch, verunstalten sich aber durch die vielen Schmucksachen, mit denen sie sich behängen. Es ist nichts besonders Ungewöhnliches, die reizenden Geschöpfe mit mehreren grossen Ringen, die von ihrer hübschgeformten Nase herabhängen, zu sehen, was natürlich ihre Schönheit keineswegs erhöht. Das Haar, die Ohren, der Hals, die Hände und Füsse erhalten alle ihren vollen Antheil an Schmucksachen, so dass ein solches Mädchen oft aussieht wie ein wandernder Schmuckladen. Ihr Tanz und Gesang ist theilweise sehr anziehend und hält für kurze Zeit das

PORT SAID AND MOUTH OF CANAL OF SUEZ **EGYPT** PORT SAID UND DIE MÜNDUNG DES SUEZ KANALS

RETURN OF CARAVAN FROM MECCA **EGYPT** RÜCKKEHR EINES PILGERZUGES VON MEKKA

Interesse des Zuschauers wach. Ich vermisste aber den magischen Zauber, welchen viele Reisende so anziehend und lebendig beschreiben.

Watson's Esplanade Hotel in Bombay ist wie das Great Eastern Hotel eine grosse Karavanserei. Während unseres Aufenthaltes ging das Geschäft sehr gut, denn jeder verfügbare Platz war besetzt. Sobald die Glocke zum Essen läutete, entstand ein vollständiges Wettrennen, denn es waren mehr Gäste im Hotel, als Plätze am Tisch, und Jeder wollte gern einen Sitz am ersten Tische haben. Die Kellner sind sogenannte Goa-Jungen. Sie kommen von der Insel Goa, der portugiesischen Colonie an der Westküste von Hindostan, und sind klein und zierlich, ihre Hautfarbe beinahe weiss und ihr Haar schwarz. In ihrem Anzug sind sie nett und rein; sie kleiden sich nach europäischer Mode und bedienen ganz ausgezeichnet. Als ich sie zuerst sah, erinnerten sie mich lebhaft an die flinken und lustigen, kleinen japanesischen Kellner im Grand Hotel von Yokohama.

In Bombay schloss unsere Reise durch Indien ab und wir schifften uns an Bord des österreichischen Lloyd-Dampfers "Electra" ein, auf welchem wir bald aus dem Hafen dampften, um anderer Herren Länder aufzusuchen.

Vierzehntes Kapitel

Arabien und Egypten.

THE WIFE OF THE KHEDIVE   **EGYPT**   DIE FRAU DES KHEDIVE

TRAVELING FELLAHS   WANDERNDE FELLAHS   **EGYPT**   AT THE WELL IN CAIRO   AM BRUNNEN IN CAIRO

IE "Electra" liess absolut Nichts zu wünschen übrig. Sie war ein neuerbauter Dampfer, der sogar mit incandescent electrischem Lichte glänzend erleuchtet war, und hatte eine Capacität von 4100 Tonnen, während ihre Maschinen 600 Pferdekräfte besassen. Die Schlafräume waren prachtvoll und bequem eingerichtet und das Essen war annehmbar, konnte aber keinen Vergleich mit dem auf dem französischen Dampfer "Oxus" aushalten.

Die Officiere und Mannschaften waren fast sämmtlich Italiener in österreichischen Diensten und sprachen ausschliesslich ihre Muttersprache. Der Capitän und der Arzt sprachen aber auch Englisch und Deutsch, und waren stets bereit, jede nur mögliche Auskunft zu geben. Wir verbrachten manche Stunde damit, den Arzt bei einer Partie Schach zu beobachten, das er leidenschaftlich gern spielte. Er suchte und fand seine Gegner unter den Passagieren, aber trotzdem er sich für einen sehr guten Schachspieler hielt, kann ich mich nicht erinnern, dass er auf der ganzen Reise auch nur eine einzige Partie gewann. Er schien sich jedoch durchaus Nichts daraus zu machen und war ebenso vergnügt, als wenn er jedes Mal Sieger gewesen wäre.

Wir hatten etwa 60 Cajüten- und vielleicht 40 Zwischendecks-Passagiere, welche, wie unsere Reisegefährten auf dem "Oxus," aus verschiedenen Landestheilen des fernen Ostens kamen und auch dieselben Reiseziele hatten.

Auf unserer zwei Wochen dauernden Fahrt von Bombay nach Suez schienen die Elemente uns gewogen zu sein, da wir jeden Tag hellen Sonnenschein und gutes Wetter hatten. Nur einmal im rothen Meere, eine Tagereise von Suez entfernt, wurde die See unruhig und spritzte ihre schaumgekrönten Wellen über den Bug unseres guten Schiffes, aber in wenigen Stunden war Alles vorüber und wir dampften wieder ganz ruhig durch die dunkelblauen Wogen.

Nachdem wir sieben Tage unterwegs waren, ankerten wir in der Nähe der arabischen Küste, etwa eine Viertelmeile von Aden entfernt. Wir durften jedoch nicht an's Land gehen, da wir wegen der Cholera, die in Bombay bei unserer Abreise grassirte, Quarantäne halten musten.

Aden ist absolut ohne alles Interesse, ja, es kam uns wie der verkommenste und von Gott vergessenste Platz auf Erden vor. Mir thaten wirklich die Europäer leid, die dazu verurtheilt sind, dort zu wohnen, denn sie vergeuden ihr Leben und ihre Energie nutzlos an diesem Orte. Nicht für alle Schätze Indiens würde ich mich dazu verstehen, dort meinen beständigen Wohnsitz aufzuschlagen.

Die Eingeborenen dieser ungastlichen Küste glauben, dass rothes Haar der Inbegriff aller Schönheit ist. Die Unmasse von Männern und Knaben, welche sich unaufhörlich in der Nähe unseres Schiffes zeigten, immer auf der Lauer nach einem Geldstücke, das in's Wasser geworfen wurde, wollten ebenfalls nur rothes Haar, oder gar keins, haben.

Einige hatten eine Art Pflaster von Kalk auf dem Kopfe, während es Anderen gelungen war, ihr Haar dunkel und schmutzig roth zu färben; wieder Andere hatten das Pflaster und mit demselben einen

Theil ihres Haarwuchses abgerissen, so dass sie aussahen, als hätten sie eben einen Wettkampf an den Haaren bestanden. Trotzdem nur noch einige Stoppeln übrig waren, hatten sie ihren Zweck doch erreicht, denn was von Haaren geblieben war, hatte die gewünschte Farbe.

Kurz nachdem wir von Aden abgefahren waren, gelangten wir durch die Meerenge Babel-Mandeb in das rothe Meer. An demselben Nachmittage noch kam Mocha, die berühmte Kaffeestadt, in Sicht, und am dreizehnten Tage nach unserer Abreise von Bombay (dem sechsten nach der Abreise von Aden) warfen wir Anker vor Suez, etwa drei Meilen vom Ufer entfernt.

Bald flatterte von unserem Hauptmaste die gelbe Flagge, welche anzeigte, dass wir wieder in Quarantäne lagen. Nach vierundzwanzig Stunden durften wir aber das Schiff verlassen, wurden auf ein kleines Boot gebracht und landeten bald auf egyptischem Wüstensand.

Egypten ist das Land, wo Milch und Honig fliessen soll, das Land der Pyramiden, der Sphynx, der alterthümlichen Ruinen, des Wüstensandes, des Deltas, des Nils und der Ueberschwemmungen; die Heimath der Egypter, Araber, Beduinen, des Kamels und, "last but not least," des Esels, der ein sehr bedeutender Factor in Egypten ist.

Das Land der Pharaonen bietet ein reiches Feld für Alterthumsforscher und Reisende. Grossartige Denkmäler der alten Zeit giebt es hier in Hülle und Fülle, und Dank der Einsicht der jetzigen Regierung werden sie vor völliger Zerstörung durch die Vandalenhände rücksichtsloser Reliquien-Jäger bewahrt.

Harper sagt in seiner Beschreibung Egypten's: "Das Klima Egypten's ist ebenso prachtvoll als gesund." Meine eigenen Beobachtungen dagegen lehrten mich, dass schlimme Augen, theilweise oder totale Blindheit, die drückendste Hitze während des Tages, Wolken von Wüstensand, die durch den kleinsten Wind aufgetrieben werden und die Luft erfüllen, an der Tages-Ordnung sind. Wenn das und die daraus entstehenden Folgen, ein "prachtvolles und gesundes Klima" bilden, dann gebührt Egypten allerdings die Palme.

Schlimme Augen und Blindheit sind die grosse Landplage. Nach oberflächlicher Beobachtung scheint es, dass mindestens die Hälfte der Bevölkerung von Unter-Egypten an den Augen leidet. Auf dem kurzen Wege von Cairo nach den Pyramiden von Ghizeh, auf einer Strecke von ungefähr zehn Meilen, zählte ich vierzig Personen, meistens Landleute, die ihre Producte auf dem Rücken der Kameele und Esel nach Cairo zu Markte brachten, welche entweder auf einem Auge, oder total blind waren.

Vorherrschend scheint eine Entzündung der Augenlieder zu sein und zwar besonders bei kleinen Kindern, deren mit einem schwarzen Teig, oder Salbe, bedeckte und von Tausenden von Fliegen besetzte Gesichter einen schrecklich abstossenden Anblick gewähren.

Viele egyptische Damen benutzen den erwähnten Teig als "Toiletten-Mittel," wie sie sagen, in Wahrheit aber, um entweder ihre bereits von der Krankheit ergriffenen Augen zu verbergen, oder um sich gegen die widerliche Landplage zu schützen.

In den grossen Städten verhüllen die egyptischen und türkischen Damen, wenn sie sich auf die Strasse herauswagen, ihr Gesicht so, dass nur die Augen frei bleiben. Die ersteren benutzen einen schwarzen, oder dunkelfarbigen, die letzteren einen weissen Schleier, oder ein Tuch von derselben Farbe.

Die schönen Egyptierinnen, welche jedenfalls ebenso eitel sind als ihre Schwestern in anderen Ländern und auch gerade so gern bewundert sein wollen, lassen gelegentlich, wenn sie auf der Schoobra Strasse in Cairo spazieren fahren, den Schleier bis unter die Rosenlippen fallen, so dass der Vorbeipassirende ihr Gesicht in voller Schönheit und Lieblichkeit erblicken kann. Ich brauche wohl kaum zu erwähnen, dass die genannte Strasse für uns einen der Haupt-Anziehungspunkte Cairo's bildete.

Wir sahen während unserer Anwesenheit auch Lord Wolseley

EXTERIOR OF CHRIST'S TOMB IN JERUSALEM
AUSSERE ANSICHT DES CHRISTUS GRABMALS IN JERUSALEM

INTERIOR OF CHRIST'S TOMB IN JERUSALEM
INNERE ANSICHT DES CHRISTUS GRABMALS IN JERUSALEM

SYRIA

(England's einzigen General), nebst seiner schönen Tochter; den Khedive, "Tewfik Pasha," mit seinen beiden jungen Söhnen und seinem Bruder; ferner den Gross-Vezier, "Nubar Pasha." Von den Damen des Harems sahen wir ab und zu auch einen Theil ihrer Gesichter, da auch sie bei ihren Ausfahrten dem natürlichen Verlangen nach Bewunderung nicht widerstehen konnten.

Cairo, die Hauptstadt von Egypten, ist nach Damaskus die am meisten orientalische Stadt des Ostens und eine der interessantesten Städte der Welt. In dem Stadttheile der Eingeborenen sind die Bazaars, die Wohnhäuser, sowie die Sitten und Gewohnheiten der Einwohner, in ihrer ganzen orientalischen Reinheit erhalten. Während wir durch die eleganten Bazaars schlenderten, stiegen immer und immer wieder die Scenen aus Tausend und einer Nacht in unserem Geiste auf. Man wird von einer Art Bezauberung befallen, die den Besucher zwingt dort länger zu verweilen, und nur mit Gewalt kann man sich dieser magnetischen Anziehungskraft entziehen.

Das Franken- (Europäer) Viertel enthält schöne breite Strassen und grosse elegante Gebäude. In Bezug auf Vergnügungen kommt es völlig dem "Ueber'm Rhein" in Cincinnati gleich. Die Einwohner, meistens Italiener, Franzosen, oder Griechen, und nur sehr wenige Engländer, sind sehr musikliebend, so dass Theater, Concerthallen und andere Vergnügungs-Plätze in grosser Zahl vorhanden sind. Wiener Damen- und andere Orchester liefern ausgezeichnete Musik umsonst, ganz wie bei uns auf den "Hilltops" und anderen öffentlichen Vergnügungs-Plätzen. Combinationen von eingeborenen Tänzerinnen und Sängerinnen, mit ihren grotesken und romantischen Aufführungen, kann man überall in Egypten finden, und der Fremde wird von ihnen förmlich bezaubert. Der Gesang, welcher meist monoton gehalten ist, klingt so traurig und melancholisch wie ein Leichengesang, unterhält aber den Zuhörer, besonders wenn man ihn zum ersten Male hört. Der Tanz besteht aus einer Reihe der graciösesten Bewegungen des Kopfes, der Arme und Beine und hat, wenn er von einer eingeborenen Schönen getanzt wird, ganz dieselbe magische Wirkung wie der Gesang.

Die Instrumente sind sehr primitiv im Character und der Bauart. Das Interessante bei der Musik selbst ist das Aussergewöhnliche. Ich für meinen Theil ziehe die orientalischen Unterbaltungen den Productionen der ostindischen Nautch-Mädchen, Schlangenbeschwörer und Taschenspieler vor.

Cairo bietet, von der Citadelle aus gesehen, mit seinen zahlreichen und prachtvollen Palästen und den Kuppeln und Minarets seiner vierhundert Moscheen einen so grossartigen Anblick dar, wie man ihn sich kaum vorzustellen vermag. Die Citadelle, in welcher gegenwärtig englische Truppen liegen, enthält die bekannte Moschee des Mehemet Ali. Sie wird allgemein als ebenso schön bezeichnet wie die Sophien-Moschee in Constantinopel, ist jedoch nicht so gross. Die Sultan Hassan Moschee, eine der ältesten und schönsten in Cairo, ist ein architectonisches Kunstwerk. Der dankbare Sultan liess dem armen Architecten, welcher den Plan entworfen hatte, nach Vollendung des Baues aus reiner Brutalität beide Hände abhacken, damit er ein anderes derartiges Gebäude nicht mehr aufführen könne.

Wir besuchten auch die Schul-Moschee, wo mindestens tausend Gläubige aller Altersklassen, vom Jüngling bis zum Greise, eifrig im Studium des Koran vertieft waren. Sie studiren fleissig, denn jeder gute Moslim soll eigentlich den Koran auswendig kennen, damit er in den Himmel kommt. Das Summen und Brummen, welches uns beim Eintritt umfing, glich dem von einem Dutzend Bienenstöcken. Da man uns vermuthlich für Engländer hielt, wurden wir von heimlichen Anhängern des El Mahdi laut ausgezischt.

Die Moschee des Omar in Alt-Cairo, die vor etwa 1,200 Jahren erbaut wurde, liegt jetzt theilweise in Ruinen. Die Stützen der Dächer und Kuppeln bestanden aus 365 grossen Steinsäulen, von denen eine, wie unser Führer uns berichtete, von Muhammed, dem Propheten, von Mecca nach Alt-Cairo durch die Luft geschleudert wurde und in der ihr vorgeschriebenen Stellung landete. Der Eindruck von der Hand des Propheten wird noch allen Reisenden gezeigt.

Unser Führer war sehr erstaunt über meinen Mangel an Bereitwilligkeit, diese Münchhausen-Geschichte zu glauben, ich beruhigte jedoch sein aufgeregtes Gemüth, indem ich sagte :

"Ja, Allah ist gross und Muhammed ist sein Prophet, bei ihm ist sicherlich kein Ding unmöglich."

Auf unseren Streifzügen durch Cairo besuchten wir unzählige Moscheen, Schulen, Grabdenkmäler, den grossartigen Palast des Khediven in Ghezireh, sowie das interessante Alterthümer-Museum von Boulak, welches eine Menge von Mumien, Schmucksachen u. s. w., die in den Grabstätten gefunden wurden, und alterthümliche Skulpturen enthält. Einige der letzteren sollen schon über 6000 Jahre alt sein.

Durch den Einfluss von reichlich gespendetem "Bakschisch" gelang es uns auch in die Ställe, Wagen-Remisen and Geschirrkammern des Khediven zu gelangen. Der Stall entsprach keineswegs meinen Erwartungen, und die Pferde — einige dreissig an der Zahl, meistens aus englischen und französischen Gestüten — waren nicht besonders schön. Die sechs, oder acht, arabischen Reitpferde entbehrten, trotzdem sie sehr gut gehalten und nett aufgezäumt waren, aller derjenigen Eigenschaften, die unsere Kentuckier Vollblutpferde auszeichnen.

Das Geschirr und die Wägen waren elegant und müssen mit ihren schweren Gold- und Silber-Beschlägen und Verzierungen sehr kostspielig gewesen sein. Sie sind alle von englischem, oder französischem Muster und von derselben Machart.

Natürlich besuchten wir auch die Pyramiden und bestiegen die "Grosse," was sehr mühevoll ist, selbst wenn man von drei Männern unterstützt wird. Wir erforschten selbstverständlich ihr Inneres und gingen in die Todtenkammer der Könige und Königinnen, sowie andere Gemächer, aber dieses Unternehmen war nichts weniger als leicht und angenehm. Die Sphynx mit den sie umgebenden Ruinen wurden auch nicht vergessen. Ich will den Leser nicht mit einer Beschreibung langweilen, da ja Jeder die Geschichte und den Bau dieser grossartigsten aller antiken Denkmäler kennt.

Eine schöne Fahrstrasse führt von Cairo zu den Pyramiden und man kann die Strecke in etwa anderthalb Stunden zurücklegen.

Als wir uns in Cairo aufhielten, war es voll mit englischem Militär, das vom oberen Nil zurückgezogen worden war und über Suez und das rothe Meer nach Suakim transportirt wurde, da die letztgenannte Stadt zum Operations-Centrum des Feldzuges nach Khartoum dienen sollte. Die Expedition auf dem Nil war total fehlgeschlagen, was man in Cairo der schlechten Leitung zuschrieb. Weder die Eingeborenen, noch die dort wohnenden Fremden waren den Engländern sehr wohlgesinnt.

Alexandria ist nur noch ein Schatten des Alexandrien aus dem Alterthum, ist aber eine geschäftige Stadt von etwa 300,000 Einwohnern. Sie ist das Geschäfts-Centrum von Egypten und treibt einen ausgezeichneten Handel. Es halten sich dort mehr Fremde auf als in Cairo, sie sind aber aus denselben Nationalitäten zusammengesetzt. In Bezug auf Unterhaltungen ist sie vollständig so gut versorgt, wie die letztgenannte Stadt. Die Zerstörungen und Verwüstungen, welche durch Arabi Pasha und die ihm ergebenen Stämme bei dem letzten Aufstande verursacht wurden, waren noch vollständig sichtbar und gaben der Stadt ein melancholisches Aussehen. Der grosse Platz der Consuln, welcher von Arabi's Horden in Asche gelegt worden war, wird wieder aufgebaut. Die Forts befanden sich in jämmerlichem Zustande und waren ganz verfallen, da sie bei dem Bombardement der englischen Kriegsschiffe unter dem Commando von Sir Beauchamp Seymour manchen wohlgezielten Schuss erhielten. Die Säule des Pompejus, die Ruinen des Palastes der Cleopatra und verschiedene antike Grabmäler sind ihrer Geschichte und Alterthümlichkeit wegen höchst interessante Plätze und Sehenswürdigkeiten.

MOHAMMEDAN HOME IN JERUSALEM   ⁘ PALESTINE ⁘   MOHAMMEDANISCHES FAMILIENLEBEN IN JERUSALEM

JEW'S WAILING PLACE IN JERUSALEM   ⁘ PALESTINE ⁘   KLAGEPLATZ DER JUDEN IN JERUSALEM

Suez, am südlichen, sowie Port Said, am nördlichen Endpunkte des Suez-Canals, enthalten nichts für den Reisenden Anziehendes. Der Canal sieht, trotzdem er ein grossartiges Werk menschlicher Arbeitskraft ist, aus wie jeder andere Canal, nur ist er breiter und tiefer und seine Ufer bestehen aus dem Sande der ewigen Wüste. Eine grosse Anzahl von Schiffen passiren jährlich den Canal. Die Einnahmen an Zöllen für das Jahr 1884 betrugen $14,000,000.

Fuenfzehntes Kapitel.

Palaestina, das heilige Land.

BEIRUT AND THE MOUNTAINS OF LEBANON.

SYRIA

BEIRUT UND DIE BERGE VON LIBANON.

м vier Uhr Nachmittags schifften wir uns auf dem Dampfer Rhamanieh von der "Khedive" Linie ein, und dampften bald darauf von Alexandria nach Palästina ab. Am zweiten Tage, früh um acht Uhr, waren wir in Howard's Hotel, in Jaffa, dem Hafen von Jerusalem, nachdem wir auf dem Wege ungefähr neun Stunden lang in Port Said angehalten hatten.

Gleich nach unserer Ankunft trafen wir mit Herrn Howard alle Vorbereitungen für unsere Reise in's Innere des Landes, und noch an demselben Nachmittag rumpelten wir in einem mit drei Pferden bespannten, gedeckten Wagen durch die Ebene von Sharon. Das Gefährt sah etwa aus wie ein in den Ruhestand versetzter Lastkarren.

In Ramleh, etwa zwei und eine halbe Stunde Fahrt von Jaffa, hielten wir kurze Zeit, um unseren Pferden Wasser zu geben, und kamen um sechs Uhr Abends in Latroon, das auf der Hälfte des Weges liegt, an; dort schlugen wir unser Nachtquartier auf. Am nächsten Morgen um fünf Uhr kletterten wir bereits die Berge hinauf, da der durch dieselben führende Weg in so grauenhaftem Zustande war, dass wir es entschieden vorzogen, die Tour zu Fuss zu machen. Wir kamen glücklich um halb acht Uhr früh im Hotel in Jerusalem an.

Palästina, das heilige Land, ist das Land der christlichen, muhammedanischen und jüdischen Pilger; das Land der heiligen Geschichte, der Kreuzfahrer und der Sarazenen. Aber welch' ein Contrast zwischen dem Palästina der Gegenwart und dem der fast vergessenen Vergangenheit! Nichts ist von seiner früheren Grösse geblieben. Alles ist verschwunden, was das Land gross und berühmt machte. Die Alles zerstörende Zeit hat auch hier ihr Werk vollbracht. Einige verfallene Steinsäulen werden dem Reisenden als die Ueberbleibsel des grossartigsten Bauwerkes der Menschheit, Salomon's Tempel, gezeigt. Es wird angenommen, dass das heutige Jerusalem mehr als vierzig Fuss über den Trümmern desjenigen aus Salomon's Zeit, und vielleicht dreissig Fuss über der Stadt, in welcher Jesus Christus einen so grossen Theil seines Lebens verbrachte, gebaut ist. Das hindert aber nicht, dass tausend und ein Plätze als die "genauen Stellen" bezeichnet werden, wo sich die bedeutendsten Ereignisse der heiligen, wie der weltlichen, Geschichte abgespielt haben sollen.

Das Haupt-Interesse für den Christen bietet in Jerusalem natürlich die Kirche zum heiligen Grabe, eigentlich eine Combination von Kirchen, Kapellen und Reliquien-Schreinen, die sich alle unter einem Dache befinden. Die griechischen, römisch-katholischen, armenischen, syrischen und koptischen Sekten haben ihre Kapellen und Heiligenschreine alle in demselben Gebäude. Die Kapelle der griechischen Christen ist weitaus die grösste und prächtigste. Sie ist sehr schön und reich mit Ornamenten von Gold, Silber, Edelsteinen und schönen Gemälden geschmückt. Die Kapelle der Römisch-Katholischen kann keinen Vergleich mit der der Griechen aushalten. Die anderen Sekten sind durch einfache Schreine, mit wenigen Ornamenten und Decorationen, vertreten.

In dieser Kirche befindet sich die Grabstätte Jesu Christi, ein grossartiger imposanter Bau mit den kunstvollsten und kostspieligsten Zierrathen, die den Anblick zu einem ebenso schönen wie erhabenen machen. Das merkwürdigste Gefühl überkommt den Reisenden, wenn er diesen heiligsten Punkt der Erde betritt. Erinnerungen an die Vergangenheit stiegen in uns auf, und das Herz wurde uns schwer, als wir des traurigen Schicksales unseres Erlösers auf dem Calvarien-Berge gedachten. Der Calvarien Berg, der Platz der Auffindung des Kreuzes, der Stein der letzten Oelung und viele andere Plätze, Kapellen, Schreine und Grabdenkmäler, alle Bezug habend auf das Leben und den Tod Christi, wurden uns vom Führer gezeigt. Dieser heilige Ort für den Christen, ist oft der Schauplatz der ekelhaftesten Scenen zwischen den verschiedenen christlichen Sekten. Sie leben fortwährend miteinander im Streit, so dass innerhalb und ausserhalb der Stätte des heiligen Grabes nicht immer Frieden herrscht.

Andere interessante Punkte in Jerusalem und seiner Umgegend sind: Der "Berg Zion," wo David's Grab, sowie der Platz gezeigt werden, an welchem das "Abendmahl" eingenommen wurde. Die Ruinen von "Muristan," einem von Karl dem Grossen gegründeten Kloster, welches die Johanniter-Ritter während der Kreuzzüge in ein Hospital umwandelten. Der "Haram el Sherif," oder "das erhabene Heiligthum," welches den vierten Theil des alten Jerusalems einnimmt und den Platz, auf dem Salomon's Tempel stand, in sich schliesst. "Der Felsen-Dom," wo der grosse 57 Fuss lange, 43 Fuss breite und $6\frac{1}{2}$ Fuss über dem Erdboden befindliche Felsen zu sehen ist. Die Moslems behaupten, dass dieser Felsen vom Himmel fiel, aber nie den Erdboden berührte, sondern in der Luft schwebte. Als Erklärung dafür, dass er jetzt auf Säulen ruht, geben sie an, dass die letzteren aufgerichtet wurden, um den Felsen zu stützen, im Falle ein Erdbeben entstehe! Von diesem Steine aus soll Muhammed in den Himmel aufgestiegen sein, und Jesus Christus soll dort gebetet haben. Die "Felsen-Dom"-Moschee ist eine der schönsten im Orient. Die Moschee "El Aksa," oder "Omar's Moschee" ist ebenfalls ein grossartiges Gebäude.

Der Klageort der Juden liegt ausserhalb des "Haram," am Fusse der "Moschee des Omar." Es ist eine Mauer, welche zu Salomon's Tempel gehört haben soll, und hier kann man täglich, besonders aber an Freitagen, eine grosse Anzahl gläubiger Israeliten, welche über die Zerstörung des Tempels weinen und wehklagen, finden. Es ist eine traurige Scene.

Wenn man aus dem St. Stephan's-Thore auf der Ostseite der Stadt heraustritt, sieht man das Thal und die Gräbstätten von Jehosaphat, das Grab und die Kapelle der heiligen Jungfrau und viele andere Gräber; ferner den Oelberg mit den beiden Gärten von Gethsemane. Die Griechen und die Römisch-Katholischen sind nicht einig über die genaue Lage desselben am Fusse des Berges, von dessen Gipfel man die schönste Aussicht auf Jerusalem hat.

Bethanien, das in der ganzen Christenheit wohlbekannt ist, liegt etwa zwei Meilen von dort entfernt. Das "goldene Thor," durch welches Jesus seinen Einzug nach Jerusalem gehalten haben soll, ist vollständig zugemauert. Die Gräber der Könige und der Richter am Thore von Damascus sollten von jedem Reisenden besucht werden. Es sind aber auch ausserdem noch sehr viele interessante Punkte in Jerusalem und seiner Umgebung, so viele, dass ich sie unmöglich alle aufzählen kann.

Ein Gegenstand meiner besonderen Bewunderung war die Fürsorge, welche die russische Regierung den aus Russland hier eintreffenden Pilgern zu Theil werden lässt. Das grosse Häuser-Viereck, welches die genannte Regierung in der Nähe des Thores von Jaffa auf dem besten Stück Land in Jerusalem errichtet hat, besteht aus schönen Kirchen, einem colossalen "Hospiz" und Hospital Gebäuden. Sie stehen alle den griechisch-katholischen Pilgern offen, welche daselbst gratis beköstigt werden und Wohnung, sowie ärztliche Behandlung und Pflege, im Falle von Krankheit, umsonst erhalten. In Neu-Jericho, in der Nähe des Jordan, hat die russische Regierung noch ein anderes umfangreiches Hospiz zur Bequemlichkeit der Pilger errichtet.

Die Strassen von Jerusalem befinden sich in einem schrecklichen Zustande. Sie sind mit spitzigen Steinen gepflastert, so dass es äusserst schwierig ist, darauf zu gehen, besonders, wenn man Hühneraugen hat.

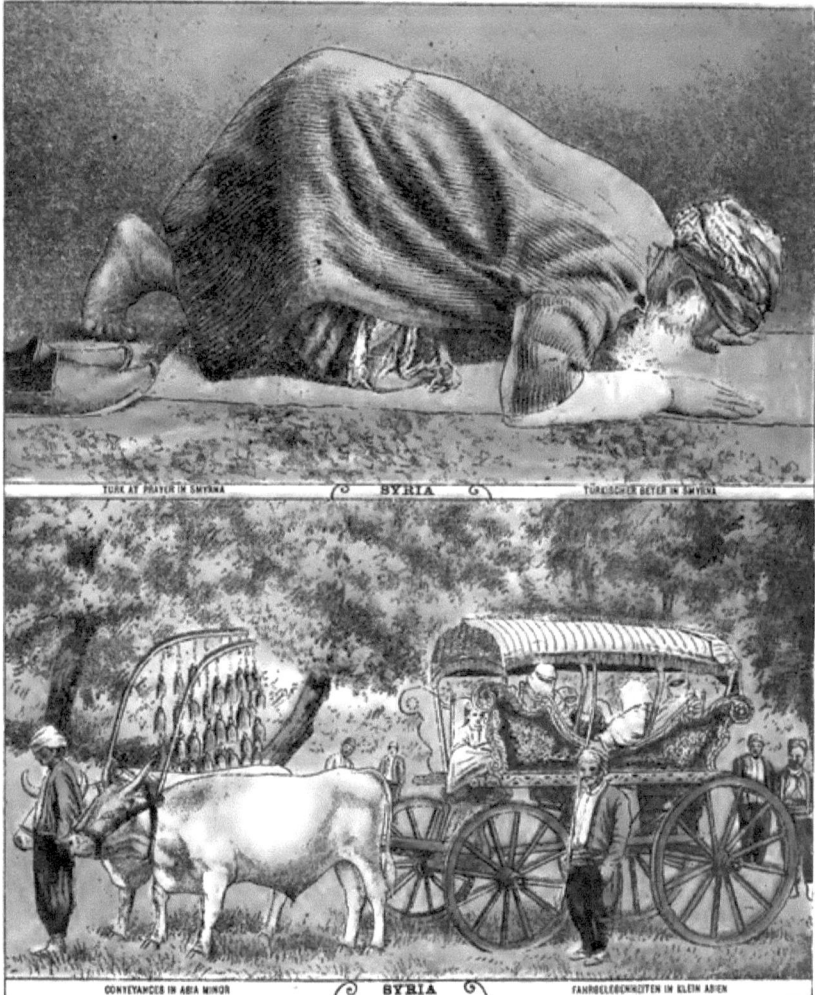

TURK AT PRAYER IN SMYRNA   SYRIA   TÜRKISCHER BETER IN SMYRNA

CONVEYANCES IN ASIA MINOR   SYRIA   FAHRGELEGENHEITEN IN KLEIN ASIEN

Für den zweiten Tag unserer Streifereien durch die Stadt, benutzten wir Esel, waren aber noch nicht weit geritten, als derjenige, auf welchem ich sass, ausglitt, hinfiel und mich auf das Plaster warf. Wir rollten gehörig auf der Strasse herum, doch hatte der Fall glücklicherweise nur die Abschürfung der Haut am linken Hinterbeine des Esels zur Folge. Ich bestieg ihn nicht wieder.

Von Jerusalem ritten wir sechs lange Stunden auf dem denkbar schlechtesten und langweiligsten Wege nach Jericho und lagerten am Brunnen des heiligen Elias. Wir hatten uns von Herrn Howard in Jaffa eine vollständige Lager-Ausrüstung, bestehend aus drei Zelten, (ein Schlaf, ein Salon- und ein Küchenzelt) neun Pferden und fünf Eseln, sowie vorzügliche Erfrischungen besorgt. Unser Reisemarschall und Führer, Raphael Massoud Farah, ein Syrier aus Beirut, versorgte uns zu unserer vollen Zufriedenheit. Von unserem Lager aus machten wir Ausflüge nach dem todten Meere und dem Jordan. Das erstere erreichten wir nach zweistündigem Ritte durch die Ebene des Jordan, während dieser Fluss noch eine Stunde weiter entfernt liegt. Am Jordan und zwar an der Stelle, wo Jesus Christus getauft worden sein soll, befindet sich der Badeplatz der Pilger, und wir sahen mindestens fünfzig, die der griechisch-katholischen Kirche angehörten und eifrig sangen und beteten, während die Wellen des Jordan sie von ihren Sünden reinigten.

Wenn man Palästina auf dem Landwege durchstreift, ist man gezwungen einen "Sheik" als Schutzwache mitzunehmen; er gewährt dem Reisenden Schutz gegen die Räuber, welche die Landstrassen unsicher machen. Unser "Sheik" war ein hübscher Bursche und sah in seinem phantastischen Costüme, reitend auf einem Vollblut-Araber, sehr malerisch aus. Am letzten Abende unseres Aufenthaltes im Lager erhielten wir den Besuch von etwa fünfzig Beduinen, Männern, Frauen und Kindern, die auf der Ebene campirten. Sie sangen ein arabisches Lied und führten einen ihrer National-Tänze auf. Ihre Kleidung und ihre Gesichter passten zu einer Räuberbande; ihr Gesang war ausserordentlich wild und grotesk. Ein solches Erlebniss vergisst man nicht, so lange man lebt.

Nach dreitägigem Aufenthalt im "Lager" kehrten wir, höchst befriedigt von unserem Ausfluge, nach Jerusalem zurück. Der nächste Platz, den wir besuchten, war Bethlehem. Die "Kirche der Geburtstätte" ist, wie das "Heilige Grab," ein Conglomerat von Gebäuden, die den verschiedenen Secten angehören. Hier übertrifft die Kirche der Römisch-Katholischen alle anderen, sowohl in Bezug auf Schönheit, als Grösse. Das Gewölbe, welches als die Geburtsstätte Christi bezeichnet wird, befindet sich unter der alten, von der heiligen Helena, der Mutter Constantins des Grossen, gebauten Kirche. Diese letztere wurde in den ersten Jahren des vierten Jahrhunderts gebaut und ist die älteste christliche Kirche der Welt. Ein silberner Stern bezeichnet die Stelle, wo Christus geboren wurde. Grade gegenüber befindet sich die Krippe, und obgleich allgemein zugestanden wird, dass sich die Original-Krippe in der Kirche St. Maria Magiore in Rom befindet, ersetzt diese Copie doch das Original vollständig und erfüllt ihren Zweck, denn sie wird gerade so angebetet, als wäre sie die wirkliche Krippe. Zahlreiche Gräber, Grotten und Krypten, darunter die berühmte "Milch" Grotte, wo die heilige Jungfrau Maria sich vor Herodes mit dem Kinde verbarg, sind zu sehen. Die Grotte der Hirten, Salomon's Teiche und viele andere Sehenswürdigkeiten befinden sich in der nächsten Umgebung von Bethlehem. Rachel's Grab liegt ungefähr auf dem halben Wege zwischen den beiden heiligen Städten.

Eines der nothwendigen Uebel dieses Landes ist der Maulthier- oder Eseltreiber, dessen Dienste man nicht entbehren kann, wenn man auf einem Esel reiten will. Des Treibers Beschäftigung besteht darin, dass er hinter dem Esel herläuft und ihn durch gelegentliche Stösse, Zwicken in den Schwanz, Stösse mit dem Stock, oder Peitschenknallen vorwärts treibt. Ohne seine Hülfe würde man auf den Eseln sehr langsam vorwärts kommen.

In Jerusalem logirten wir im Hotel Feil, welches ausserhalb der Stadt-Mauern sehr schön gelegen und nur einen Steinwurf vom russischen Viereck entfernt ist. Der Eigenthümer, Herr Feil, verwaltet es selbst und die Gäste sind gut bei ihm aufgehoben. Herr Feil ist ein Deutscher aus dem Schwabenlande, wohnt aber in Palästina bereits seit fünfundzwanzig Jahren und hat sich dort ein recht hübsches Vermögen erworben.

Nachdem wir unsere Wissbegierde in Jerusalem und seiner Umgebung befriedigt hatten, schnürten wir wiederum unser Bündel, stiegen in den unbequemen Wagen und fuhren um ein Uhr Nachmittags nach Jaffa zurück. Gegen Abend erreichten wir Latroon, wo ein warmes Abendbrod unserer wartete und wir über Nacht blieben. Zeitig am nächsten Morgen waren wir wieder auf der Landstrasse und kamen glücklich zurück nach Howard's Hotel, gerade als das Mittagessen servirt wurde.

Am nächsten Morgen, um 10 Uhr, befanden wir uns bereits auf dem österreichischen Lloyd-Dampfer " Vesta," vollständig vorbereitet für unsere Reise nach Constantinopel. Mittags wurde der Anker gelichtet und wir segelten ab.

SULTAN'S PALACES   CONSTANTINOPLE   DIE PALÄSTE DES SULTANS

BAZAARS   CONSTANTINOPLE   VERKAUFS BAZAARE

.

Sechzehntes Kapitel

Beirut. Der griechische Archipelagus, Smyrna und Constantinopel.

NSER gutes Glück blieb uns auch auf dieser Reise treu. Wir legten die Tour von Jaffa, in Palästina, nach Constantinopel in acht Tagen ohne Unfall oder Sturm zurück. Das Schiff war im wahren Sinne des Wortes vollgepackt und viele Kajüten-Passagiere waren genöthigt, Nachts ihr Lager auf den Sophas im Speisesaal aufzuschlagen. Im Zwischendeck waren etwa 600 arabische und türkische Rekruten, die nach Constantinopel und Salonichi transportirt wurden, um dort in den Dienst gestellt zu werden, untergebracht. Die Araber in ihren verschiedenartigen bunten und romantischen Kostümen sangen und tanzten Tag und Nacht, wobei es oft auch zu Excessen kam. Die türkischen Officiere stellten aber dann schnell die Ruhe wieder her. Es war ein ebenso malerischer als für uns neuer und interessanter Anblick. Zwischen den Arabern und Türken bestand kein freundliches Verhältniss, so dass Reibereien und Prügeleien an der Tagesordnung waren, ohne dass sie jedoch ernstliche Folgen hatten. Die Kajüten-Passagiere repräsentirten zwanzig verschiedene Nationalitäten, von denen die Amerikaner, welche einschliesslich einiger Canadier fünfzehn zählten, die zahlreichsten waren.

Am Morgen des zweiten Tages unserer Reise warfen wir Anker beim "schönen" Beirut, am Fusse des Lebanon, dessen schnee- und eisbedeckte Spitzen im Sonnenscheine glitzerten. Beirut ist ein beliebter Sommeraufenthalt für Kranke, die unter dem wohlthätigen Einflusse des milden und gesunden Klimas gewöhnlich dort Genesung finden. Der Lebanon lieferte bekanntlich die Cedern, welche beim Bau von Salomon's Tempel benutzt wurden.

Hier nahmen wir eine Einladung unseres Führers, des bereits erwähnten Raphael Massoud Farah, an, seine Familie zu besuchen, die in einer Reihe von Zimmern im vierten Stocke eines Hauses wohnte, welches auf dem Gipfel eines der in Beirut so zahlreichen Hügel gelegen war. Von diesem Hügel hatten wir eine prachtvolle Aussicht auf die Stadt, den Hafen und die berühmten Berge des Lebanon. Der Vater Raphael's ist ein hervorragender Augenarzt, und nach der grossen Schaar von Patienten zu urtheilen, die fortwährend aus seinem Sprechzimmer kamen, oder hinein gingen, muss er eine sehr grosse Praxis haben. Während unseres Besuches war der Doktor so beschäftigt, dass es ihm unmöglich war, uns viel Aufmerksamkeit zu schenken. Als wir ihm vorgestellt wurden, schien er sehr erfreut zu sein, besonders als wir ihm sagten, wie ausserordentlich zufrieden wir mit seinem Sohne wären. Der Doctor bedauerte sehr, dass er sich nicht länger mit uns unterhalten könne; aber auch uns that es leid, denn er schien ein belesener und hochgebildeter Mann zu sein.

Unsere Wirthin, die Mutter Raphael's, nahm uns ungemein herzlich auf und auch ihre Töchter und Schwiegertöchter liessen es nicht an Aufmerksamkeiten fehlen. Diese Damen sassen alle bequem auf den sophaartigen Stühlen und rauchten eifrig ihre langen türkischen Pfeifen. Die jungen Damen waren echt syrische Schönheiten, von Mittelgrösse und sehr proportionirt gebaut. Ihr Teint war von hellbrauner Farbe und ihr Haar, sowie ihre Augen kohlschwarz. Alles in Allem genommen waren sie ebenso interessant als liebreizend.

STREET IN PERA   STRASSE IN PERA

CEMETERY   CONSTANTINOPLE   BEGRÄBNISS PLATZ

Mit Hülfe Raphael's, der als Dolmetscher fungirte, konnten wir eine ziemlich lebhafte Unterhaltung führen und waren von der Bildung und dem allgemeinen Wissen dieser Damen sehr überrascht. Sie gehörten alle zu der sogenannten syrischen christlichen Kirche, deren eifrige und fromme Mitglieder sie waren. Besonders Raphael war ungemein strikt in der Ausübung seiner religiösen Pflichten und jeder Muhammedaner, oder sonstige Nichtchrist, war sein geschworener Feind.

Sein Vater hatte ihn zum Studium bestimmt und zu seinem Nachfolger ausersehen, das Wanderleben aber und sein Beruf als Führer und Dolmetscher sagte ihm besser zu. Er behauptete, dass er sehr gute Einkünfte habe und in einer Saison von fünf bis sechs Monaten genug verdiene, um das ganze Jahr bequem und angenehm leben zu können.

Um zu zeigen, was orientalische Gastfreundschaft heisst, will ich beschreiben, wie wir bei unserem Besuche aufgenommen wurden. Nachdem wir uns gesetzt hatten, reichte eine der jungen Damen uns einen Teller mit allerlei Kuchen, worauf Zuckersachen und Limonade servirt wurden. Kaum waren wir mit diesen Delicatessen fertig, so wurden wir genöthigt, etwas Obst zu nehmen, welches so schön aussah, dass es keines Zuredens bedurfte. Während wir noch das prachtvolle Obst verzehrten, bestand Raphael darauf, dass wir deutsches Bier, welches speciell zu diesem Zwecke kalt gestellt worden war, tranken. Obgleich gewöhnlich Obst und Bier sich nicht zusammen vertragen, waren wir doch gleichsam gezwungen, ohne Rücksicht auf die Folgen, zu trinken. Eine Tasse delicaten türkischen Kaffee's beschloss diesen uns etwas komisch vorkommenden "Lunch." Die guten Leute konnten nicht genug für uns thun und versuchten ihr Bestes. Beim Abschied mussten wir das feierliche Versprechen geben, oft an sie zu schreiben, wenn wir erst glücklich wieder zu Hause angelangt sein würden. Raphael, den wir sehr lieb gewonnen hatten, begleitete uns auf den Dampfer und brach in Thränen aus, als er uns Lebewohl sagte, trotzdem er versuchte, sich zu beherrschen. Er blieb am Ufer stehen und folgte uns mit seinen Blicken, bis wir vollständig ausser Sicht waren.

Auf unserem Wege von Beirut nach Smyrna hielten wir kurze Zeit in Cypern, Englands neuester Errungenschaft im mittelländischen Meere, an; ebenso in Rhodus, in dessen Hafen uns der Platz gezeigt wurde, wo der grosse Coloss, eines der sieben Weltwunder stand, sowie in Chios, das durch das Erdbeben vor einigen Jahren so berühmt wurde. Wir fuhren auch auf Sehweite bei den Inseln Cos, Patmos und Samos, die in der alten griechischen Geschichte und Mythologie eine so grosse Rolle spielen, vorbei.

Smyrna, wo wir zwei Tage liegen bleiben mussten, ist keine sehr ansehnliche Stadt. An der Werfte entlang befinden sich eine Anzahl schöner Gebäude, welche meist als Hotels, Cafès und Vergnügungsplätze benutzt werden. Ausser diesen ist die Stadt ein Labyrinth von schmutzigen, engen Strassen und schlecht gebauten kleinen Häusern, und nur das armenische Viertel, welches viele hübsche und solide Häuser enthält und in dem die Strassen rein gehalten werden, macht eine Ausnahme.

Smyrna ist der grosse commercielle Hafen von Kleinasien. Während des Tages sind die Werften und Bazaars, welche sehr umfangreich sind, so bevölkert, dass ein sehr lebhaftes Geschäftsleben herrscht. In den Concert-Hallen und Gärten, sowie in den anderen Vergnügungsplätzen werden gute Unterhaltungen geboten, und sie sind daher auch stark besucht. Unser Führer, ein Grieche, den wir nur unter dem Namen "Greek George" kannten, erzählte uns, dass ganz Smyrna am Tage vor unserer Ankunft sich in gewisser Aufregung befunden habe, weil eine grosse Curiosität im Hafen angekommen war. Es war nicht mehr und nicht weniger als ein amerikanisches Kriegsschiff, das erste, welches seit drei Jahren bei der Stadt Anker geworfen hatte.

In Ephesus, der Wiege der griechischen Mythylogie, das man mit der Bahn von Smyrna nach zwei und ein halbstündiger Fahrt er-

reicht, besuchten wir einige Ruinen von Gewölben, die den Ort be-
zeichnen, wo der berühmte Tempel der Diana stand. Acht von den
Säulen wurden zum Bau der Sophienkirche in Constantinopel benutzt,
wo sie noch heutigen Tages zu sehen sind.

Von Symrna segelten wir über Mitylene, Tenedos und bei den
Ebenen von Troja vorbei in die Dardanellen, durch diese und den Mar-
mora-See in den Bosporus und nach Constantinopel. Die Reise von
Rhodus durch den griechischen Archipelagus zwischen zahlreichen
Inseln hindurch, welche reich an Sagen und wirklichen Begebenheiten
sind und in der Geschichte des Alterthums und des Mittelalters eine
bedeutende Rolle spielen, ist wahrhaft entzückend.

Am achten Tage nach unserer Abfahrt von Jaffa kamen wir bei
Sonnenaufgang vor San Stefano, wo sich die Schlussscenen des rus-
sisch-türkischen Krieges abspielten, an, und die Hauptstadt der Türkei tauchte vor unseren Blicken auf. Die ausserordentliche Schönheit
der grossen Stadt, vom Marmora Meer aus gesehen, verdient die Lob-
preisungen, die ihr von allen Reisenden zu Theil werden. Der Anblick ist so unendlich grossartig und bezaubernd schön, so wunderbar,
dass er aller Beschreibung spottet.

Wir nahmen die uns gebotene Gelegenheit wahr, um den hohen
Hügel "Bulgurlu," gleich hinter Scutari auf der asiatischen Seite des
Bosphorus gelegen, zu besteigen und von hier aus eine Aussicht zu ge-
niessen, wie wir sie nie zuvor gesehen hatten.

Zu unseren Füssen lag Scutari mit seinen Vorstädten; links
breitete sich das Marmora Meer bis nach San Stefano aus; vor uns
rollten die Wogen des berühmten Bosphorus, an dessen gegenüberlie-
gendem Ufer, etwa $2\frac{1}{2}$ Meilen entfernt, die Stadt des Sultan's sich meilenweit in's Land hinein erstreckt. Das "goldene Horn" strahlte im
hellen Sonnenlicht wie glühendes Gold; an seiner unteren Seite er-
blickten wir Stambul mit den Hunderten von Kuppeln und Minarets
und dem "Serail-Platz" im Vordergrund; an der oberen Seite lag Pera,
mit den Vorstädten Galata und Tophana, und weiter hinaus, am Ufer

des Bosporus, eine lange Reihe der prachtvollsten Paläste. Alles dieses zeigte ein wunderbar schönes Bild. " Das übertrifft Neapel !" bemerkte ein englischer Tourist, den wir zufällig auf dem Bulgurlu getroffen hatten.

Constantinopel ist keine so interessante Stadt wie Cairo, denn es ist, um mich so auszudrücken, zu sehr europäisirt. Die Türken geben nach und nach ihr National-Costüm auf und kleiden sich wie die anderen Nationen. Der rothe Fez wird indess von Türken und Christen getragen. Der grosse Bazaar in Stambul, den zu besuchen es allerdings wohl der Mühe lohnt, entbehrt jedoch des orientalischen Anstriches und bietet wenige jener eigenartigen, interessanten Anziehungspunkte, welche den Reisenden im Bazaar von Cairo so fesseln.

Die türkischen Frauen haben ihre alten Moden und Kostüme beibehalten. Wenn sie mit ihren weissen, quer über das Gesicht bis unter die Augen gebundenen Schleiern, in einem Gewande von dunkelfarbigem Stoff, das wie ein Domino beim Maskenball übergeworfen ist, auf der Strasse erscheinen, sehen sie accurat so aus wie ein gefüllter umgekehrter Ballon. Ihr Gang ist keineswegs graziös, sondern gleicht im Gegentheil dem Watscheln von Gänsen.

Fürst Blücher von Wahlstadt, ein Nachkomme des grossen Feldherrn Blücher, der mit uns im Hotel d'Angleterre logirte und nach zwanzigjährigem Zwischenraume Constantinopel wieder besuchte, sagte mit sichtlichem Verdruss, als er von einem Streifzug durch Stambul zurückkehrte : " Mein Gott, wie ist Constantinopel verunstaltet worden, seitdem ich das letzte Mal hier war !" Er meinte damit, dass Constantinopel ihm jetzt wie eine gewöhnliche europäische Stadt und nicht mehr als die Metropole des Orients erscheine.

Die Vorstadt Pera wird von Christen, meistens Griechen, bewohnt, obwohl auch Franzosen und Italiener stark vertreten sind ; eine Anzahl von Amerikanern, Engländern und Deutschen haben sich dort niedergelassen. Die Grand Rue de Pera ist die Hauptstrasse, an der sich zu beiden Seiten grosse, elegante Häuser sowie schöne Läden

CONSTANTINOPLE

BRIDGE OF GALATA

DIE BRÜCKE NACH GALATA

befinden und ein sehr reger Geschäftsverkehr herrscht. Von früh bis spät Nachts ist sie vollgepfropft mit Menschen, Wägen und Beförderungsmitteln aller Art.

Wir hatten zufällig das Glück, in Constantinopel in der Nacht zu sein, in welcher alle Moscheen illuminirt werden, was nur jedes Jahr einmal vorkommt. Wir besuchten die Santa Sophia, die grösste Moschee der Welt, an jenem Abend und sahen sie in vollem Glanze erleuchtet mit Tausenden von Lichtern. Es war ein grossartiger Anblick. An jenem Abend erschien auch an jedem der zahlreichen Minarets, ungefähr in Viertelhöhe unter der Spitze, ein etwa ein Fuss breiter, hell leuchtender Ring, der wie ein Reifen aus blank polirtem Golde aussah, was einen wunderschönen Effect machte.

Freitag ist der muhammedanische Sonntag, und an diesem Tage fährt Seine Majestät der Sultan Mittags nach seiner Privat-Moschee, die in der Nähe seiner Paläste am Ufer des Bosporus liegt. Sein permanentes Residenzschloss liegt auf dem Hügel nördlich von Pera, etwa eine Meile von der Moschee entfernt. Unser Führer Pericles Sittiri, ein alter Grieche, verschaffte uns für diese Gelegenheit eine offene Equipage, mit einem Paar prachtvoller Pferde, in goldbeschlagenem Geschirr, bespannt. Der Kutscher war natürlich in voller dazu passender Livree. Um elf Uhr erreichten wir den Ort, wo der Sultan vorbei kommen musste und verschafften uns einen Platz, von wo aus wir Alles sehen konnten. Gegen Mittag hatten sich Hunderte von Equipagen in unserer Nähe aufgestellt und beide Seiten der Strasse waren, so weit wir sehen konnten, dicht mit Zuschauern besetzt. Wir warteten mit Ungeduld der Dinge, die da kommen sollten, denn es war uns erzählt worden, dass eine glänzende militärische Prozession dem Sultan voraus marschiren würde. Gleich nach 12 Uhr hörten wir ein Trompeten-Signal, und: "Sie kommen!" ertönte es von allen Seiten. Sie kamen auch, wir wurden aber sehr enttäuscht.

Die Avantgarde bestand aus etwa hundert Cavalleristen in Cosacken-Uniform, auf schlechten Pferden und in abgetragenen Uniformen.

Ihnen voran ritten zwölf Trompeter, die sich augenscheinlich abmühten, ein Signal, oder Musikstück, zu blasen, aber nur einen schrecklichen Lärm vollführten. Nach den Cosacken kamen einige hübsche Coupés, jedes von zwei prächtigen Pferden gezogen, und darin sassen in glänzenden Uniformen hohe Staatsbeamte. Nach etwa zwanzig Minuten verkündete Musik — wir hätten aber den Spektakel sicher nicht als Musik erkannt, wenn unser Führer ihn nicht als solche erklärt hätte — die Ankunft weiterer Truppen. Diese Abtheilung sah noch schlechter aus als die erste. Sie bestand aus einigen Hundert Infanteristen, miserabel mit einer groben dunkelblauen Uniform bekleidet und mit einem rothen Fez auf dem Kopfe. Sie kamen heran wie eine Heerde Schaafe, ohne irgend welche Ordnung, oder Rücksicht auf Richtung, und augenscheinlich ohne eine Ahnung zu haben, wozu die Musik eigentlich da sei.

Dann kam der Kriegsminister mit seinem Stabe, oder einer Escorte von etwa 30 Mann, welche reichgeschmückte Uniformen trugen und prachtvolle Pferde ritten. Nun folgte die Leibwache der Sultanin, etwa tausend Mann stark, die eine grüne Uniform von türkischem Schnitt und Turbans, die zur Uniform passten, trugen. Ungefähr zwanzig Trompeter und eine Militär-Capelle von etwa vierzig Mann schritten der Leibwache voraus. Die Trompeter bliesen, als sie bei uns vorbeikamen, nach Herzenslust, und machten einen Heidenlärm. Hierauf kam die Equipage der Sultanin, umgeben von einem grossen Haufen von Männern, Weibern und Kindern. Das elegante Coupé wurde von zwei schwarzen arabischen Hengsten gezogen, und in demselben sass Ihre Majestät, nach alter Sitte Almosen an die Armen, welche ihr folgten, vertheilend. Man konnte von der distinguirten Persönlichkeit nicht viel sehen, da ihr Gesicht dicht verhüllt war. Die Sultanin ist nicht die Gattin des Sultans, wie allgemein geglaubt wird, sondern seine Mutter, welche diesen Titel trägt und sich der Ehrenbezeugungen erfreut.

Ein Trupp von einigen Hundert noch miserableren Infanteristen wie die ersten, kam dann herangeschlendert und die Leute sahen aus, als ob sie nicht wüssten, weshalb sie da seien. Kaum waren diese vorüber, so kam eine Abtheilung Cavalleristen in hübschen Uniformen, der eine sehr schöne, von zwei prächtigen Pferden gezogene Carosse folgte. In dieser sassen nur zwei Personen, der Sultan und der Gross-Vezier. Dank unseres günstigen Platzes konnten wir Beide sehr genau sehen. Der Sultan ist keineswegs ein schöner Mann, auch ist sein Aussehen gewiss nicht sehr gesund; im Gegentheil, es scheint, als ob die Sultans-Pflichten schwer auf ihm lasten. Unser Führer versicherte uns, dass er aus guter Quelle erfahren habe, der Sultan sei ein grosser Feigling und zittere fortwährend davor, vergiftet zu werden, oder sonstwie gewaltthätig sein Leben zu verlieren.

Eine Menge Equipagen folgten der Escorte des Sultans; in einer derselben sass sein Sohn und dessen Erzieher, in den anderen dagegen verschiedene Beamte. Endlich kamen, "last but not least," drei dem Sultan gehörige Pferde, die nach der Moschee geführt wurden, im Falle der Sultan nach dem Gottesdienste es vorziehen sollte zu Pferde zurückzukehren.

Diese Pferde, das eine schneeweiss und die anderen kohlschwarz, waren die schönsten Thiere, die mein Auge je gesehen. Wenn es wirklich vollkommene Pferde giebt, so waren diese, dem Ausschen nach zu urtheilen, ohne jeden Fehler. Ob sie schnell und ausdauernd waren, konnte ich natürlich nicht beurtheilen, sonst aber kann sich ihnen kein Pferd, das mir noch vorgekommen ist, an die Seite stellen.

Es war zwei Uhr Nachmittags, als wir wieder im Hotel ankamen, wo wir ein substantielles Diner zu uns nahmen. Es wurde sehr rasch servirt, so dass eine Dame zu dem neben ihr sitzenden Herrn äusserte: "Mein Gott, wie hier die Gänge schnell folgen. Man giebt uns ja nicht einmal Zeit, die Speisen zu verdauen!" Um drei Uhr sassen wir wieder in unserer feschen Equipage und fuhren zu den "Sweet Waters," einem reizenden, grünen und schattigen Thale, durch welches ein kleiner Strom fliesst, der sein süsses Wasser in's goldene Horn ergiesst. Das Thal liegt etwa fünf Meilen von Pera entfernt und die Fahrstrassen in demselben bilden die fashionable Wagenpromenade von Constantinopel.

An jedem Freitag und Samstag Nachmittag, besonders an ersterem, findet eine förmliche Völkerwanderung von Constantinopel nach diesem Orte statt, an der Alle, welche auf Schönheit, oder Reichthum Anspruch machen, theilnehmen. Als wir ankamen, bewegten sich zwei lange Reihen von Wagen, meistens Coupé's, langsam in entgegengesetzter Richtung und so dicht neben einander, dass man den in der anderen Reihe Fahrenden die Hand reichen konnte, ohne sich vom Sitze zu erheben. Hauptsächlich zogen die Damen der Harems, von denen wir einige Hundert bemerkten, die Aufmerksamkeit auf sich. Sie fuhren in eleganten Coupés auf und ab, deren Kutscher in auffallende bunte Livreen gekleidet waren.

Natürlich schlossen wir uns sofort der Procession an und unterwarfen die türkischen Ladies einer genauen Besichtigung, wenn sie bei uns vorbei kamen. Die Harems-Damen haben keine Begleitung und dürfen sich nach sieben Uhr Abends nicht mehr im Thale aufhalten. Von der sprichwörtlichen Schönheit und Lieblichkeit der Harems-Frauen habe ich nicht viel gesehen, und meiner Ansicht nach würden nur wenige in einer Ausstellung von Schönheiten prämiirt werden. Ein prachtvolles Coupé aber, in welchem zwei Damen sassen, wurde von Jedermann beobachtet und die in demselben Sitzenden liessen manches Herz höher schlagen. Sie waren die personificirte Schönheit und Anmuth und ohne allen Zweifel die schönsten Frauen, welche ich je gesehen. Es wurde uns gesagt, dass sie dem Harem eines hochgestellten Staatsbeamten, der wahnsinnig eifersüchtig auf sie sei und sich stets in ihrer Nähe halte, wenn sie spazieren führen, angehörten. Sie sollen die schönsten Frauen der Türkei sein, und man erzählt sich, dass der Sultan in diese Huldinnen sterblich verliebt ist.

Wir reisten von Constantinopel auf dem Dampfer "Flora" ab und landeten nach vierzehnstündiger Fahrt durch den Bosporus und

| PALACE SERVANT | PALAST DIENER | CONSTANTINOPLE | HOWLING DERVISH | HEULENDER DERWISCH |

| BULGARIAN | BULGARE | CONSTANTINOPLE | SYRIAN ARAB | ARABER VON SYRIEN |

das schwarze Meer im Hafen von Varna an der Ostküste von Bulgarien. Von hier nahmen wir die Bahn nach Rustschuck an der Donau, setzten über den Fluss in einem kleinen Dampfer nach Giorgevo in Rumänien und fuhren dann mit dem Orient-Eilzug nach Wien, wo wir 49 Stunden nach unserer Abreise von Constantinopel anlangten.

Von Wien nach Cincinnati.

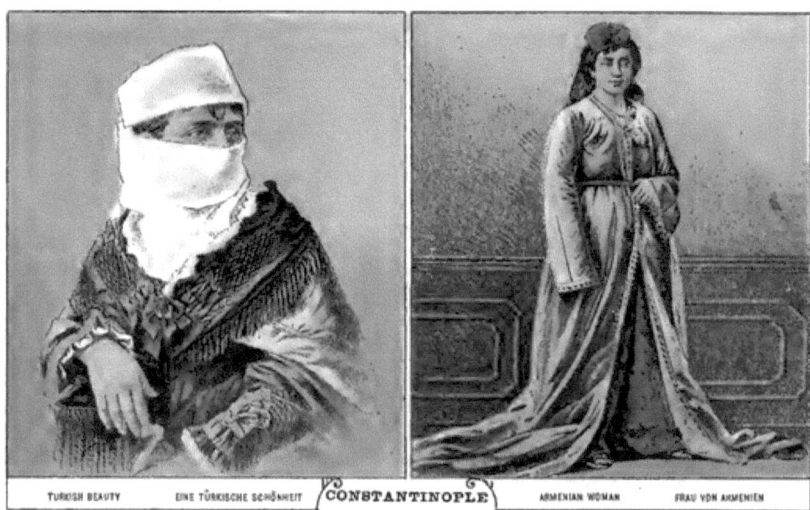

TURKISH BEAUTY   EINE TÜRKISCHE SCHÖNHEIT   CONSTANTINOPLE   ARMENIAN WOMAN   FRAU VON ARMENIEN

TURKISH SERVANTS   TÜRKISCHE DIENER   CONSTANTINOPLE   TURKISH LADIES AT HOME   TÜRKISCHE DAMEN ZU HAUSE

UF unserer Tour durch Europa, welche fünf
Wochen in Anspruch nahm, reisten wir von
Wien nach München, von dort nach Strassburg und dann nach Bischweiler im Elsass.
In der letztgenannten Stadt wurden wir von
der Familie Rinkenberger, an die wir Empfehlungsbriefe von den in
Cincinnati wohnenden Mitgliedern der Familie, unseren intimen
Freunden, hatten, in herzlichster Weise aufgenommen. Wir wollten
ursprünglich nur zwei Tage bleiben, dehnten unseren Besuch aber
auf sechs aus. An jedem Morgen wartete unserer eine neue Ueberraschung, da die Leute miteinander wetteiferten, um uns Aufmerksamkeiten zu erweisen. Wir hätten uns unmöglich eine bessere Aufnahme
wünschen können.

Ein grosser Jagdwagen, in welchem wir reizende Ausflüge in
die Umgegend und an das Ufer des schönen, romantischen Rheines
machten, stand stets zu unserer Verfügung. Unsere Freunde sparten
keine Mühe, um uns den Aufenthalt möglichst angenehm zu machen,
und es gelang ihnen auch vollständig. Nur mit grossem Bedauern
sagten wir diesen freundlichen Leuten Lebewohl und setzten unsere
Reise fort.

Von Bischweiler reisten wir nach Mainz, von dort nach Frankfurt am Main und wieder zurück, und verbrachten beinahe einen ganzen Tag, vom Morgen bis Abend, auf dem Rheine, als wir von Mainz nach Köln fuhren. Ein prächtiger Maitag und die berühmte Rheinlandschaft machten die Fahrt zu einer so wundervollen, dass sie uns stets in der Erinnerung bleiben wird. Von Köln begaben wir uns nach Berlin, und von dort nach Dresden, Bayreuth und Nürnberg. Hier verbrachten wir einige Tage in der Gesellschaft und unter der Führung meiner lieben Freunde, Ferdinand Carl, Eigenthümer und Redacteur der "Hopfen-Zeitung," des officiellen Organes des ausgebreiteten Hopfengeschäftes auf dem europäischen Continent, P. Marlier, J. Hoffner und Hans Bauriedel, die letzteren drei sehr erfolgreiche Geschäftsleute. Die genannten Herren waren meine intimsten Freunde und Gefährten in den Jahren 1869, 1870 nud 1871, als ich in Nürnberg die Schule besuchte; natürlich war unsere Freude ausserordentlich gross, als wir uns nach vierzehnjähriger Trennung wiedersahen. Die Ereignisse und lustigen Streiche jener schönen Schulzeit wurden wieder in's Gedächtniss zurückgerufen und zur grossen Belustigung meiner Reisegeführten erzählt. Die Trennung wurde uns Allen sehr schwer und nur durch die Hoffnung erleichtert, dass wir uns baldigst wiedersehen möchten.

Von Nürnberg führte uns unsere Reise nach Stuttgurt, Carlsruhe, Strassburg, Paris, London und Liverpool. In allen diesen Städten hielten wir uns lange genug auf, um die interessantesten Sehenswürdigkeiten in Augenschein zu nehmen. Ueber diese europäischen Städte ist jedoch schon von den Hunderten von Reisenden, die jährlich dorthin kommen, so viel geschrieben worden, dass ich es für vollständig überflüssig halte, auch noch meinerseits eine detaillirte Beschreibung derselben zu geben; ich begnüge mich daher mit einer einfachen Erwähnung, lediglich um den ganzen Verlauf unserer Reise zu zeigen.

Am 20. Juni schifften wir uns in Liverpool auf dem schönen und schnellen Dampfer "Etruria," dessen Fahrten bisher noch unüber-

troffen waren, ein. Ein dichter Nebel, in den wir hineinkamen, nachdem beinahe die Hälfte der Ueberfahrt zurückgelegt war, bewirkte, dass dieselbe nicht mit derjenigen Schnelligkeit vor sich ging,
welche den Dampfer berühmt gemacht hat; wir liefen aber trotzdem
bereits am neunten Tage unserer Reise im Hafen von New York ein.
Als die Zollbeamten an Bord kamen, wurden sie von Freunden aus
Cincinnati begleitet, welche eigens nach New York gekommen waren,
um uns zu begrüssen. Es waren die Herren Aug. Wittgenfeld,
Frank Tucker, Frank Rattermann und John Mörlein. Das Willkommen war warm und herzlich; unsere Gefühle aber, als wir diesen alten
Freunden die Hand drücken und ihre lieben Gesichter nach einer solchen "Reise um die Welt" wieder sehen konnten, mag sich jeder Leser
ausmalen.

Nach kurzer Rast in New York reisten wir heimwärts und
kamen am Nachmittag des 1. Juli 1885 auf dem Little Miami
Bahnhofe in Cincinnati an, wo uns eine grosse Schaar Verwandter
und Freunde erwartete. Nachdem die herzlichen Begrüssungen
vorüber waren, eilten wir zu unserer Familie, und in diesem geweihten
Kreise mussten wir unsere Abenteuer selbstverständlich ausführlich
erzählen.

So endete unsere Reise. Wir hatten unsere Aufgabe ohne ernstliche Widerwärtigkeiten und ohne jeden Unfall vollbracht und kehrten
nicht nur physisch gestärkt, sondern mit bereichertem Wissen und,
Alles in Allem genommen, äusserst zufrieden mit den Resultaten
unserer "Reise um die Welt" zurück.

TURKISH ARMY OFFICER   TÜRKISCHER ARMEE OFFIZIER   CONSTANTINOPLE   TURKISH BEGGAR   TÜRKISCHER BETTLER

TURKISH SCISSORS GRINDER   TÜRKISCHER SCHEERENSCHLEIFER   CONSTANTINOPLE   GYPSY GIRL   ZIGEUNER MÄDCHEN

ANHANG.

Beschreibung der Illustrationen.

Hotelkosten.

Tabelle der Entfernungen.

Beschreibung der Bilder.

Japanesischer Kuriositäten-Laden.

Ein japanesischer Kuriositäten-Laden verlohnt sich der Mühe eines Besuches. Er ist mit so vielen Kuriositäten angefüllt, dass man kaum weiss, wohin man sich zuerst wenden und was man kaufen soll. Rüstungen, verschiedene Arten von Waffen, Nippsachen ohne Zahl, Tablette, Teller und Vasen von Holz, Stein und Metall, mit einem Worte Alles, was die lebhafteste Phantasie sich nur zu erdenken vermag, findet man hier. Ist man erst einmal eingetreten, so muss man kaufen, ob man will oder nicht, denn die Verkäufer plagen die Besucher auf's Aeusserste, wenn dieselben nicht wenigstens etwas aussuchen.

Japanesischer Fischmarkt.

Fische sind ein Hauptnahrungs-Mittel der Japanesen. Die Fischstände sind daher gross und stets von Kunden umdrängt. Die Illustration zeigt den Käufer, die Eigenthümer und Hausirer, sowie einen reisenden Musikanten, der auf dem Markt rastet.

Japanesisches Thee-Haus.

Die Abbildung giebt ein getreues Bild eines japanesischen Thee-Hauses, oder Gasthofes, an der Landstrasse. Es ist vorn offen und hinten nur durch Gitterwerk geschlossen. Thee und Saki (aus Reis de-

stillirt) werden hier dem durchpassirenden Reisenden verkauft. Man
sieht eine Anzahl solcher auf den Bänken, der Ruhe pflegend. Die
weiblichen Figuren sind die Kellnerinnen.

Schlafende Japanesin.

Die Art und Weise, wie japanesische Damen schlafen, würde für
ihre amerikanischen Schwestern sehr unbequem sein. Der Kopf ruht
auf einem ausgehöhlten und auswattirten, etwa drei Zoll breiten Block,
der so ausgeschnitten ist, dass der Hals gerade hineinpasst. Die Dame
nimmt die Stellung ein, wie sie die Illustration zeigt, um die Frisur zu
schonen, da auf diese viel Zeit verwendet wird.

Seidenweberinnen.

Die Seidenweberei ist in Japan fast ausschliesslich in den Händen der Frauen. Die Maschine ist sehr einfach und primitiv, trotzdem
werden die denkbar schönsten Muster darauf hervorgebracht. Die Arbeiten in dieser Branche sind besonders bemerkenswerth.

Japanesische Kinder.

Japanesische Dorfkinder findet man oft in zahlreichen Gruppen
unter der Aufsicht irgend einer alten Grossmutter, wie man auch auf
der Illustration sieht. Die Kinder auf unserem Bilde sind von ver-
schiedenem Alter und verschiedener Grösse, und lässt sich aus der
Kleidung ihr Geschlecht nicht erkennen. Einige der Kinder tragen
Säuglinge auf ihrem Rücken. Die verschiedenen Haarfrisuren sind
sehr gut wiedergegeben.

Fracht-Transport in Japan.

Fracht wird in Japan in der Weise transportirt, wie das Bild
zeigt. Schwere Ladungen, die mehr als genug für ein Pferd sind, werden auf einen lastwagenartigen Karren geladen, der von zwei oder drei
Coolies gezogen, oder geschoben wird.

Japanesische Jinriksha.

Die Jinriksha ist ein ziemlich einfaches, aber eigenthümliches Beförderungsmittel. Im Grunde genommen ist sie nichts mehr oder weniger als ein grosser Kinderwagen. Der auf unserer Illustration abgebildete ist mit einer Dame besetzt, deren Gatte an ihrer Seite nebenher geht. Sie sind augenscheinlich auf einer "Shopping"-Tour begriffen.

Japanesische Damen-Friseurin.

Eine japanesische Friseurin verbringt fast einen halben Tag an der Frisur einer Kundin. Das Bild zeigt eine Dame, die frisirt wird, während sie der Operation in einem Spiegel folgt. Eine dicke klebrige Substanz wird dazu verwendet, das Haar in der Façon zu halten.

Japanesische Barbiere.

Japanesische Barbiere geben ihren christlichen Collegen als Verschönerungskünstler wenig nach. Sie besorgen ihre Arbeit schnell und gut. Einer Unbequemlichkeit ist aber der Kunde unterworfen, er muss nämlich, wie das Bild zeigt, eine Schüssel, oder ein Becken, fortwährend unter dem Kinne halten. Fremde brauchen jedoch dem Barbier in dieser Weise nicht behülflich zu sein.

Japanesische Zimmermanns-Werkstatt.

Ein japanesischer Zimmermann, oder Schreiner, arbeitet mit seinen Füssen ebenso gut wie mit den Händen. Aus diesem Grunde ist der Werktisch sehr niedrig und erhebt sich nur wenig über dem Fussboden. Bei der Arbeit sitzt der Japanese gewöhnlich auf der Erde.

Japanesen, Reis reinigend.

Auf dieser Illustration sehen wir eine Anzahl von Japanesen, welche Reis für den Tisch herrichten. Der Reis wird in ein Steingefäss geschüttet und dann von einem Manne mit einem einfach construirten hölzernen, oder eisernen Hammer zerschlagen. Diese Masse wird dann in ein anderes Gefäss geschüttet, in welchem sie gereinigt wird. Ein Fächer wird zwischen zwei Stöcken fortwährend herumgedreht und die Körner immerfort umgerührt. Auf diese Weise wird der Reis von der Spreu gereinigt. Das ist ihre Reinigungs-Methode.

Japanesische Küche.

Diese Abbildung zeigt uns, wie die Küche einer vornehmen japanesischen Familie aussieht. Die niedrigeren Klassen haben keine Einrichtung, welche den Namen Küche verdient. Die Dienerschaft ist, wie man sieht, beschäftigt, ein Mahl zu bereiten. Die Koch-Utensilien sind ziemlich einfach, erfüllen aber ihren Zweck vollständig.

Japanesisches Mädchen am Brunnen.

Japanesische Brunnen und die Methode ihres Betriebes sind höchst primitiver Natur. Ein Eimer, oder Schaff, wird an einer Stange befestigt, die durch eine Art Hebelvorrichtung gesenkt und gehoben wird. Das Mädchen auf unserer Abbildung ist barfuss und kommt augenscheinlich eben von der Wäsche.

Japanesische Hausirer.

Ein japanesischer Hausirer kann ein Bündel auf seinem Rücken tragen, das grösser und schwerer ist als er selbst. Er handelt mit Allem und ist jederzeit bereit, ein Geschäft zu machen. Er bereist besonders das flache Land, wo er von Haus zu Haus geht.

Japanesische Frau mit ihrem Kinde.

Diese Frau ist eben im Begriffe, einen Besuch zu machen, denn sie hat ihr Strassen-Costüm an. Das Kind trägt sie auf dem Rücken und hält es mit beiden Händen, die sie zu diesem Zwecke auf dem Rücken zusammenkreuzt. Japanesische Frauen lassen ihren Kindern aussergewöhnliche Sorgfalt und Zärtlichkeit angedeihen.

Japanesische Schönheit.

Viele der japanesischen Frauen sind wirklich schön. Das Bild zeigt das Porträt einer in reiche, seidene Gewänder gekleideten Schönen. Ihr Haar ist nach der in Japan geltenden Mode frisirt und mit Ornamenten geschmückt. Die letzteren sind manchmal sehr kostbar, da sie häufig aus Gold gefertigt und mit Edelsteinen besetzt sind.

Japanesische Damen in Gala.

Japanesische Damen in voller Toilette bieten einen eigenartigen und interessanten Anblick dar. Sie sind buchstäblich mit Seidenstoffen überladen, deren Anblick eine amerikanische Modedame vor Neid gelb machen würde. Die Frisuren sind mit Fächern, Kämmen und verschiedenen Schmucksachen, aus Gold, oder Silber, und mit Edelsteinen besetzt, verziert. Die auf unserer Abbildung dargestellten Damen gehören den wohlhabenden Klassen an.

Japanesische Landmädchen.

Die Landmädchen in Japan sind gerade so begierig den möglichst besten Eindruck zu machen wie ihre besser situirten Schwestern. Besonders an Feiertagen strengen sie sich gewaltig an. Dann sind sie ebenso farbenreich gekleidet wie die reichen Damen, wenn auch ihre Toilette nicht so viel kostet. Die Abbildung stellt eine Gruppe von Landmädchen in Feiertagskleidern dar.

Japanesischer Tempel.

Dieser Tempel befindet sich in Tokio und ist der Typus japanesischer Gotteshäuser. Wie viele ihrer öffentlichen, oder Religionsübungen geweihten, Häuser, ist er sehr phantastisch angelegt. Die Decorationen und Ornamente, inwendig sowohl wie auch auswendig, sind sehr kostspielig und manche aus gediegenem Golde.

Daibutz.

Daibutz, eine colossale, ungefähr 50 Fuss hohe Figur, befindet sich in der Nähe von Yokohama. Sie soll einen der japanesischen

Götzen darstellen und mehrere hundert Jahre alt sein. Sie ist eine der grössten Curiositäten in Japan.

Park in Tokio.

Die Abbildung zeigt eine Ansicht des Fahrweges im öffentlichen Parke in Tokio. An beiden Seiten wachsen die mächtigen Bäume oben zusammen und bilden ein so dichtes Blätterdach, dass die Sonnenstrahlen kaum durchdringen können. Das in der Ferne sichtbare Gebäude ist zur Bequemlichkeit der Besucher errichtet.

Fusiyama.

Fusiyama, der heilige Berg, ist ein erloschener Vulkan, den man von Yokohama aus gut sehen kann. Er wird von den Eingeborenen hoch, in Ehren gehalten, da sich dort der Sage nach eine, oder einige, ihrer Gottheiten aufgehalten haben sollen.

Die Insel Papenberg.

Dieselbe liegt im Hafen von Nagasaki und war der Schauplatz des schrecklichen Massacres von christlichen Missionären und bekehrten Eingeborenen, welches im sechzehnten Jahrhundert stattfand. Der Hafen und die Stadt liegen am hinteren Ende der Insel. Die Ansicht ist von der See aus genommen.

Das Viertel der Eingeborenen in Yokohama.

Die Abbildung stellt das Viertel der Eingeborenen in Yokohama in der Neujahrsnacht dar. Es ist zu Ehren des Feiertags reich geschmückt und illuminirt; die Häuser und Läden sind mit Laternen in allen Grössen und Farben behangen und mit hellfarbigem Papier, Festons und Flaggen aller Art decorirt. Viele Strassen sind hübsch und breit, andere aber auch geradezu unzugänglich.

Das Viertel der Europäer in Yokohama.

Dieser Stadttheil ist schön gebaut und angelegt. Die Strassen

sind breit und die Gebäude massiv. Grosse Sorgfalt wird auf die Reinlichkeit der Strassen verwandt und viele Wohnhäuser sind von prachtvollen Schattenbäumen umgeben.

Chinesen bei Tisch.

Messer und Gabeln werden von den Chinesen nie benutzt. Zwei
kleine Holzstäbe dienen ausschliesslich zum Befördern der Speisen
vom Teller in den Mund. Die abgebildete Gruppe von Chinesen ist
eifrig damit beschäftigt eine grosse Schüssel mit Reis zu leeren.

Chinesische Frauen mit Kind.

Die Frauen sehen in der Kleidung, welche sie tragen, ziemlich
plump und nichts weniger als graciös aus. Die Art und Weise wie sie
frisirt sind, entspricht ganz und gar nicht der neuesten europäischen
Mode. Das kleine Kind macht einen angenehmen Eindruck.

Strasse in Hong Kong.

Die Strassen von Hong Kong sind breiter, reinlicher und in
besserem Zustande, wie die in Shanghai. Auch die Häuser sind grösser
und massiver gebaut. Unser Bild bietet eine richtige Ansicht der
Strassen. Es giebt keine Trottoirs; aber an jeder Seite der Strasse befindet sich eine ununterbrochene Reihe von Läden, in denen zu jeder
Zeit eine Anzahl schwatzender Chinesen zu finden sind. Die "Jinrikshas" lauern auf Kunden, wie der Falke auf seine Beute.

Garten in Hong Kong.

Dies ist ein öffentlicher Garten, der unter der Obhut von englischen Beamten steht. In Bezug auf schöne Lage, farbenprächtige
Blumen- und Decorations-Gärtnerei kann er sich mit jedem Garten
der Welt messen. Er wird ausgezeichnet in Ordnung gehalten und
stark besucht.

Das Innere eines Tempels in Shanghai.

Das Innere eines chinesischen Tempels ist äusserst interessant und ein wahres Studium. An jeder Seite des Gebäudes sind eine Anzahl Götzenbilder von allen Grössen und Formen aufgestellt. Sie sind meist aus Holz oder Stein, und vor jeder Figur befinden sich Urnen; in einige derselben legen die Gläubigen ihre Opfergaben, in anderen werden immerfort Feuer zu Ehren von verstorbenen Grössen unterhalten. In der Mitte erhebt sich auf einem Piedestal Gott Buddha selbst.

Beförderungsmittel in China.

Die zwei beliebtesten Arten von Beförderungs-Mitteln in China sind die Jinriksha und die Sänfte. Die 'Riksha ist eine Art grosser Kinderwagen, der von einem Coolie gezogen, während die Sänfte von zwei Coolies getragen wird. Die Illustration zeigt richtige Abbildungen von beiden.

Strassenscene in Singapore.

Morgens bei Sonnenaufgang bietet der chinesische Stadttheil von Singapore einen sehr belebten Anblick. Hunderte von kleinen Fahrzeugen, meistens Fischerboote und kleine Lichterschiffe mit Schattendächern in allen nur möglichen Formen und Farben, und aus jedem erdenklichen Material, bedecken die Wasserstrasse. Die Häuser in diesem Stadttheile sind gut gebaut; das Haus im Hintergrunde ist ein ganz besonders grosses.

Chinesischer Tempel in Singapore.

Dieser Tempel ist der bedeutendste von allen, welchen die Söhne des himmlischen Reiches auf der Insel besitzen. Er liegt prachtvoll auf einer Anhöhe, von welcher aus man eine wundervolle Aussicht auf die Stadt hat, und ist ein prächtiges Muster chinesischer Architectur. Die Decorationen und Ornamente sind ausserordentlich schön und sehr kostspielig. Im Innern ist der Tempel mit buddhistischen Götzenbildern angefüllt.

Polizei-Station in Singapore.

Dieses Stationshaus befindet sich in einer der Vorstädte von Singapore, grade gegenüber einem prachtvollen Palmenhaine. In diesem Districte müssen die englischen Soldaten Polizeidienste verrichten.

Cocusnuss-Hain in Singapore.

Die Abbildung giebt eine, wenn auch schwache, Idee von der Ueppigkeit tropischer Vegetation. Der Cocusnussbaum gedeiht auf dieser Insel ganz besonders, und findet man überall in Singapore grosse Haine dieser nützlichen Bäume.

Malayisches Dorf.

Die Häuser sind leicht, meistens von Bambusrohr, gebaut und mit Palmen- oder anderen Blättern bedeckt. Das Innere dieser Häuser, oder vielmehr Hütten, der Eingeborenen, hat keine besonderen Räumlichkeiten für Küche, Parlor, Ess- und Schlafzimmer, sondern besteht aus nur einem Raume, welcher meistens auch nicht einmal besonders gross ist. Die malayische Mutter trägt ihr Kind immer vorn, abwechselnd auf der einen und auf der anderen Seite, und gehen sie sehr liebevoll mit ihren Kleinen um.

Talipat, oder Fächer-Palme.

Dieses Bild wurde in der Nähe von Batavia, auf der Insel Java, aufgenommen und ist vollkommen naturgetreu, selbst in den Farben. Die Pflanze, oder vielmehr der Baum, ist eine der Typen der ostindischen Tropen. Er wird oft ungeheuer gross und seine Blätter erreichen eine Länge von zwanzig bis dreissig Fuss.

Strassenscene in Batavia.

Batavia, auf der Insel Java, ist ein reizendes Fleckchen Erde. Unsere Ansicht stellt eine Strasse vor, welche durch das Hotel-Viertel führt. An jeder Seite der Strasse stehen palastähnliche Wohnhäuser, die von wundervollen Parkanlagen umgeben sind. Die Illustration giebt nur ein schwaches Bild der Scene; man muss so etwas selbst sehen, um es völlig würdigen zu können.

Scene in Ceylon.

Das Bild zeigt eine tropische Landschaft an einem Landwege in in der Nähe von Colombo, mit den Häusern von Eingeborenen und einer Anzahl von Bäumen, welche diesem Klima eigen sind. Die Palmen herrschen natürlich vor.

Cocusnussernte in Ceylon.

Es ist durchaus nichts Ungewöhnliches, dass man einen Eingeborenen auf die in dieser Gegend so häufigen Cocusnussbäume klettern sieht, um die Cocusnüsse zu pflücken. Sie sind darin ungemein geschickt und brauchen nur kurze Zeit, um einen Baum kahl zu pflücken.

Singhalesisches Mädchen.

Singhalesischer Mann.

Die Singhalesen sollen die Ureinwohner von Ceylon sein und bilden augenblicklich drei Fünftel der ganzen Bevölkerung der Insel.

Die singhalesischen Männer tragen alle einen hufeisenförmigen Kamm in ihrem dichten schwarzen Haare, wodurch sie ein entschieden weibliches Aussehen erhalten.

Das singhalesische Mädchen ist eine hübsche Erscheinung.

Stempel Verkäufer in Ceylon.

Derselbe ist gewöhnlich ein Mischling, und hält sich für die wichtigste Person im Staate. Mit seiner curiosen Kleidung, deren Schnitt ausschliesslich seine eigene Erfindung ist, gehört er zu den bemerkenswerthen Erscheinungen des Landes.

Eisenbahn nach Kandy, Ceylon.

Diese Abbildung zeigt eine Ansicht auf die Berglandschaft an der Eisenbahn von Colombo nach Kandy. In der Nähe der letzteren Stadt geht die Bahn in Windungen um die Berge, wie das Bild zeigt.

Baden im Ganges bei Benares.

Die Hindu-Religion verlangt, dass alle wahren Gläubigen sich täglich baden, oder wenigstens den ganzen Leib waschen, ehe sie einen Bissen geniessen dürfen. Tausende und aber Tausende sieht man deshalb vom frühen Morgen bis zum späten Abend nach dem Ganges Flusse strömen, um als wahre Gläubige ihrer Religionspflicht zu genügen.

Die grosse Moschee in Delhi.

Dies ist die grösste und eine der schönsten Moscheen in Indien. Sie schliesst einen grossen Flächenraum ein und wird, mit ihren Kuppeln und Minarets, als Muster orientalischer Architektur betrachtet.

Der Elephant des Rajah.

Das Bild zeigt eines der schönsten Exemplare von indischen Elephanten. Bei Staats- oder anderen Festen wird er stets in dieser grossartigen Weise aufgezäumt.

Ansicht von Calcutta.

Calcutta erhielt seinen Namen, "Stadt der Paläste," von der Grossartigkeit seiner Gebäude. Im Vordergrund unseres Bildes befindet sich das Regierungsgebäude, die Residenz des Vicekönigs von Indien. Das Gebäude mit der Kuppel, im Hintergrunde, ist das Postamt, während die anderen alle von sonstigen Departements der Regierung benutzt werden. Der Fahrweg, ganz vorn, ist die berühmte Fahrpromenade.

Gedenk-Brunnen in Cawnpore.

Auf der Ebene vor Cawnpore schliessen Marmorwände den Brunnen ein, in welchen während des Aufstandes im Jahre 1857 die Ueberreste so vieler Christen geworfen wurden. Unmittelbar über dem Brunnen erhebt sich die Marmor-Figur eines Engels, der einen Palmzweig im Arme hält. Die Inschrift lautet: "Gewidmet dem ewigen Andenken einer grossen Anzahl von Christen, meistens Frauen und Kinder, die in der Nähe dieses Platzes in grausamer Weise von den Anhängern des Rebellen Nana Dhoondopunt von Bithoor niedergemetzelt und, Todte und Sterbende zusammen, am fünfzehnten Juli 1857 in den hierunter befindlichen Brunnen geworfen wurden."

Die Taj zu Agra, Ansicht vom Garten aus.

Dies soll eines der grossartigsten Gebäude der Welt sein, ja es wird sogar als das bedeutendste bezeichnet. Zwanzigtausend Leute bauten zweiundzwanzig Jahre daran und es soll $15,000,000 gekostet haben. Heute könnte man es nicht für $50,000,000 herstellen. "Es ist ein Traum in Marmor," sagt ein berühmter Reisender in seiner Beschreibung. Die Gärten im Vordergrunde entfalten eine üppige Vegetation und werden unter der Aufsicht eines von der englischen Regierung angestellten Superintendenten vorzüglich in Stand gehalten.

Total Ansicht der Taj.

Die Abbildung zeigt die wunderbare Taj vom Flusse Jumna aus gesehen. Die Gebäude an den Seiten sind zwei Moscheen; der Garten befindet sich auf der anderen Seite vor der Taj.

Das grosse Thor der Taj.

Das grosse Thor ist ein prachtvoller Bau und die Arbeit an demselben eben so vorzüglich wie die Architectur. Es bildet den grossen, oder Haupteingang, nach den Gärten.

Das Himalaya Gebirge, von Darjeeling aus gesehen.

Es ist bildlich kaum möglich eine Idee von der Grossartigkeit und Erhabenheit dieses mächtigsten Gebirges der Welt zu geben. Das vorliegende Bild wurde von Darjeeling aus aufgenommen und ist das effectvollste und beste, welches erlangt werden konnte.

Eisenbahn, die Himalayas hinaufführend.

Dieselbe ist eine der grossartigsten Errungenschaften der Eisenbahn-Baukunst. Die Zigzag-Herstellung der Bahn hat ohne Zweifel die grösste Kunst der Ingenieure erfordert. Der Bau der Schutzmauern verschlang colossale Summen Geldes.

Zur Verbrennung bereit, in Indien.

Die Hindus verbrennen im Allgemeinen alle ihre Todten. Die Illustration zeigt einen Leichnam, der auf einer Bahre ausgelegt ist, um nach dem Verbrennungs-Platze gebracht zu werden.

Auf dem Wege zum Tempel.

Der fromme Hindu geht täglich in den Tempel, um seine unzähligen Götter anzubeten und ihnen seine Opfer darzubringen. In der rechten Ecke unserer Abbildung ist einer der Götzen zu sehen, wahrscheinlich das Steinbild eines der heiligen Stiere. Viele Tempel, besonders die in Benares, sind zu jeder Zeit mit Gläubigen angefüllt.

Die öffentlichen Gärten und das Esplanade Hotel.

Das Esplanade Hotel ist wahrscheinlich das beliebteste und besuchteste Hotel im Orient und seine Lage reizend. Die öffentlichen Gärten, welche vor demselben liegen, sind überaus gross und führt um sie herum ein Promenadenweg, auf dem die Elite der Gesellschaft von Bombay täglich spazieren fährt.

Matrosen-Heimath.

In Bombay unterhält die englische Regierung eine Matrosen-Heimath, die in grossartigem Maassstabe verwaltet wird. Sie steht allen englischen Matrosen, welche krank, oder durch Krankheit, Unfälle, oder hohes Alter, dienstunfähig geworden sind, offen.

Gebäude der öffentlichen Werke.

Keine Stadt der Welt hat ein schöneres Amtsgebäude als wie Bombay. Alle öffentlichen Büreaus befinden sich darin. Das Gebäude liegt in der Mitte eines grossen offenen Platzes.

Baumwollen-Markt.

Der Baumwollenhandel von Bombay ist sehr gross und liegt ein grosser Theil dieses Geschäftszweiges in den Händen der Parsen, von denen einige auf der Abbildung zu sehen sind, aber auch viele Engländer befassen sich damit. Der Boden, auf welchem in jener Gegend Baumwolle wächst, ist besonders dazu geeignet.

Buddha-Priester.

Ein Nautch-Mädchen.

Kellner in Calcutta.

Ein Brahmine, die höchste Kaste der Hindus.

Tänzerinnen.

Wasserträger.

Alle diese Bilder sind lebenswahre Darstellungen ostindischer Typen. Der Buddha-Priester ist in sein Gebet vertieft. Sein Aeusseres ist keineswegs sehr anziehend.

Nautch-Mädchen und Tänzerinnen trifft man überall in ganz

Indien. Gewöhnlich sind sie ziemlich hübsch und sehr phantastisch gekleidet. Die Sitte, ihre Nasen mit Schmucksachen, oft ganz ordinärem, billigem Zeug, zu zieren, entstellt sie sehr.

Den Kellner in Calcutta kann man im Great Eastern Hotel finden. Er sieht in seiner Dienstkleidung ganz hübsch aus.

Der junge Brahmine, welcher zur höchsten Klasse der Hindus gehört, verwendet besondere Sorgfalt auf die Schönheit und Reinheit seiner Wäsche und den Glanz der Streifen, womit er seine Arme und seinen Körper schmückt. Ein Brahmine muss nicht nothwendigerweise ein Priester sein, sondern darf jeden Beruf ausüben.

Der Wasserträger geht mit dem aus einer Ziegenhaut bestehenden Schlauch, in welchem er sein Wasser trägt, sehr geschickt um. Beim Bespritzen der Strassen vertheilt er das Wasser vom Munde des Schlauches mit grosser Geschicklichkeit.

Ein Nautch-Tanz.

Trupps von Tänzern ziehen in Indien von Ort zu Ort, wie die Ringkämpfer in Japan, und geben in jeder Stadt und jedem Dorfe zur Unterhaltung des Publikums Vorstellungen.

Ostindischer Schnittwaarenladen.

Diese Läden sind eigentlich nur Verkaufsstände, selten breiter wie acht bis zehn Fuss, und messen sie oft noch weniger in der Tiefe. Der Käufer macht seine Einkäufe direct auf der Strasse, ähnlich wie bei Obstständen in amerikanischen Städten.

Indische Jongleure.

Die Jongleure in Indien sind gewöhnlich auch Schlangenbeschwörer. In den kleinen runden Körben in der linken Ecke unserer Abbildung befinden sich die Schlangen. Der kleine Junge, der auf dem diesem Lande eigenthümlichen Instrumente spielt, entlockt demselben kreischende Töne, während der Manu seine Fertigkeit in Jongleur-Kunststücken zeigt. Sie sind ebenso geschickt als schlau.

Geo. Mörlein und seine Reisegefährten in Indien.

Das Original dieses Bildes wurde in Bombay aufgenommen, als wir nach Beendigung unserer Tour durch Ostindien dort ankamen.

In der Mitte des Bildes sitzt John F. Leidlein, rechts Charles Cramer, bequem auf einem Felsstücke, links steht der Verfasser des vorliegenden Buches, und im Hintergrunde Razoo, unser Führer, mit einem gigantischen Palmenfächer und der unvermeidlichen Feldflasche.

Die Oase bei der Moses Quelle.

An dem östlichen Ufer des rothen Meeres, eine kurze Strecke in's Land hinein, liegt der sogenannte Brunnen Moses. Es ist dieses eine Oase in der Wüste, gerade gegenüber von Suez. Man findet daselbst einige Brunnen mit kühlem Wasser und grosse Schattenbäume, sowie dichtes Gesträuch. Die Caravanen von und nach Arabien halten dort immer.

Bazaar in Alexandria.

Dieser Theil von Alexandria hat, wie der von Cairo, noch vollständig seinen orientalischen Character beibehalten. Der Einfluss der Civilisation hat sich bei den meisten orientalischen Städten insofern geltend gemacht, als sie theilweise, oder vollständig, ihr alterthümliches Aussehen verloren und die Einrichtungen europäischer Städte angenommen haben. Es scheint, als ob die Zeit nicht fern ist, in der man vergebens nach Spuren der so anziehenden orientalischen Scenen suchen wird.

Das Besteigen der Pyramiden.

Beim Besteigen der grossen Pyramide wird der Reisende von drei Eingeborenen unterstützt, von denen zwei vor ihm von Stein zu

Stein emporsteigen und ihn an den Händen nachziehen, während der
dritte durch Schieben nachhilft. Man sieht, dass die Seiten der Pyramiden nicht vollständig glatt sind, wie man gewöhnlich annimmt. Es
heisst, dass die glatten Steine, die sich auf der Aussenseite befanden,
abgebrochen und bei den Bauten in Cairo benutzt wurden. Der
offene Platz vorn ist der Eingang in das Innere.

Tanzende Derwische.

Sie bilden eine muhammedanische Secte, die unter ihren Jüngern Männer aller Berufsklassen zählt. Bei ihren Religions-Uebun-
gen kleiden sie sich in ein barockes Costüm und bewegen stundenlang
ihre Hände, Füsse und den Kopf, wobei sie den Körper so verrenken,
dass er jede nur denkbare Form annimmt; dabei singen sie in
eintöniger Weise einzelne Stellen des Koran Hunderte von Malen.
Diese Uebungen setzen sie bis zu vollständiger Erschöpfung fort.
Sie erlauben Fremden, ihnen zuzuschauen.

Fellah-Weiber.

Alle egyptischen Frauen tragen ein Costüm, wie es auf unserem
Bilde zu sehen ist; das Gesicht wird mit einem schwarzen, oder dunkelfarbigen, Schleier verhüllt. Ausgenommen sind die Bettlerinnen,
welche natürlich in der Auswahl der Kleider, oder Schleier, nicht wäh-
lerisch sein können. Die Abbildung zeigt eine Gruppe von egyptischen Bäuerinnen, sowie die Art und Weise, wie die Mütter ihre Kinder tragen.

Schlangenbeschwörer.

Schlangenbeschwörer sind in Egypten nicht so zahlreich wie in
Indien. Man trifft sie hier auf den Strassen der grossen Städte
und Landstädtchen, wo sie stets eine grosse Zuschauermenge anziehen.
Sie manipuliren mit den Schlangen sehr kühn, sind aber doch auf

ihrer Hut, dass sie nicht gebissen werden. Man glaubt allgemein, dass den Schlaugen die Giftzähne ausgerissen werden, sie also vollständig unschädlich sind.

Sphinx und Pyramiden.

Die Sphinx ist nur eine kurze Strecke von den Pyramiden entfernt. Von diesem prähistorischen Denkmal ist nur noch der Kopf und ein Theil des Körpers sichtbar, der Rest ist von Wüstensand bedeckt.

Die Mehemet Ali Moschee in Cairo.

Diese Moschee ist die grossartigste in Egypten. Sie liegt auf einer Anhöhe, von der aus man eine prachtvolle Aussicht auf Cairo geniesst. Im Vordergrunde befindet sich ein egyptischer Friedhof mit merkwürdigen Grabdenkmälern.

Port Said und der Suez-Canal.

Der Lauf des Canals kann deutlich bis in die Wüste hinein verfolgt werden. Die vor Anker liegenden Schiffe haben entweder eben den Canal verlassen, oder sind im Begriff in denselben einzulaufen. Der grosse Dampfer im Vordergrunde ist eines der grossen Kriegsschiffe England's. Die Ansicht von Port Said mit dem Canal in der Ferne ist höchst interessant. Port Said soll die verrufenste Stadt der Welt sein.

Rückkehr einer Caravane.

Nachdem sie ihre Waaren in Cairo gegen Landes-Producte ausgetauscht hat, kehrt die Caravane wieder nach Arabien zurück und geht auf einer Pontonbrücke über den Canal. Manchmal kann man hunderte von Kameelen in ununterbrochener Reihe sehen, was einen sehr respectablen Zug bildet.

Die Gattin des Khedive.

Wir erstanden dieses Bild von einem Händler in Cairo, der uns garantirte, dass es ein richtiges und ähnliches Portrait der Frau des Khediven sei. Das mag nun wahr sein, oder nicht, jedenfalls stellt das Bild ein reizendes Geschöpf dar, welches von einer Schönheit ist, die selbst im Oriente selten angetroffen wird.

Reisende Fellahs.

Dies sind egyptische Landleute, oder Farmer. Der unvermeidliche Eseltreiber ist stets bereit, den Esel anzutreiben, entweder indem er ihn mit dem Stocke schlägt, oder ihn vorwärts schiebt, oder in den Schwanz zwickt. Von der Frau, die auf dem Esel reitet, ist wenig zu sehen, aber sie gehört augenscheinlich zur besseren Klasse der Landbewohner.

Am Brunnen in Cairo.

Scenen wie diese sind in Egypten häufig zu sehen. An diesem Brunnen waschen sich Einige, Andere ziehen Wasser aus demselben, während die Jugend ein ruhiges Schläfchen macht.

Aeussere Ansicht des Grabes Christi in Jerusalem.

Das Innere des Grabes Christi in Jerusalem.

Die Verzierungen und Ornamente sind ebenso kunstvoll als kostspielig. Der Anblick des Ganzen ist erhaben. Im Vordergrunde unserer Abbildung des Inneren befindet sich das Grab, in welchem die Ueberreste des Heilandes ruhen sollen; man sieht einen Pilger, welcher in ein Gebet vertieft ist.

Griechisch-katholische Priester und Mönche, meist Russen, sind hier stets anwesend. Mehrere davon kann man sofort an ihrer priesterlichen Kleidung und ihren patriarchalischen Bärten erkennen.

Muhammedanisches Haus in Jerusalem.

Ein Türke und seine Gattin hocken auf einem Teppiche vor ihrem kleinen Tische. Nach dem Ausdrucke ihrer Gesichter zu urtheilen, sollte man glauben, dass sie sich nicht in bester Laune befinden. Sie sind im Begriffe, ihre Mahlzeit einzunehmen.

Der Klageplatz der Juden in Jerusalem.

Täglich kann man dort eine grosse Anzahl frommer Israeliten sehen, welche die Zerstörung von Salomon's Tempel beweinen. Die auf dem Bilde sichtbare Mauer soll ein Theil des grossen Tempels gewesen sein

Beirut und die Berge des Lebanon.

Der schöne Hafen zur Linken und das berühmte Lebanon Gebirge im Hintergrunde fallen am meisten auf. Die Lage der Stadt ist reizend und sehr gesund, weshalb viele Kranke sich daselbst aufhalten. Die meisten Häuser haben flache Dächer, auf welche die Hausbewohner sich Abends und Nachts begeben, um die frische Brise von der Bai zu geniessen.

Türke beim Gebet.

Der Türke betet stets auf seinen Knieen liegend, das Gesicht nach Mekka gewendet, wobei er immer seine Schuhe auszieht. Während seiner Andacht küsst er häufig die Erde.

Fuhrwerke in Kleinasien.

Fuhrwerke dieser Art, mit türkischen Schönheiten besetzt und immer unter Escorte, trifft man im Orient häufig. Das schönste derartige Gefährt sahen wir in Smyrna. Es war kunstvoll decorirt und von zwei prachtvollen jungen Stieren gezogen. Von mehreren Frauen, die darin sassen, konnten wir aber nur die Augen sehen.

Die Paläste des Sultans am Bosporus.

Diese Paläste sind die bedeutendsten am Bosporus und grosse elegante Bauten. Das kleine kuppelförmige Gebäude, in der linken Ecke auf der Illustration, ist die Privat-Moschee des Sultans, wohin er sich jeden Freitag, gegen Mittag, in grosser Procession begiebt, um zu beten.

Die Bazaars in Constantinopel.

Das niedrige Gebäude, im Vordergrunde des Bildes, welches mit kleinen Kuppeln überdacht ist, enthält den grossen Bazaar. In den inneren Gewölben ist es fast dunkel, was dem Verkäufer sehr zu gute kommt, dem Käufer aber zum Nachtheile gereicht. Der Bazaar liegt im Mittelpunkte von Stambul an der Südküste des goldenen Horns. Stambul ist das türkische Viertel und nimmt eine grosse Strecke Landes ein.

Die Moschee der heiligen Sophie.

Die heilige Sophieen-Moschee nimmt unter allen Moscheen als die grösste und schönste den ersten Rang ein. Es ist ein imposantes Gebäude, das täglich von Tausenden besucht wird. Die unmittelbare Umgebung ist aber nichts weniger als anziehend, denn die Häuser sind klein und manchmal so verfallen, dass sie nicht zum Nähertreten einladen.

Strasse in Pera.

Die Strassen von Pera, einem Stadttheile von Constantinopel, sehen gut aus. Die Häuser zu beiden Seiten der auf unserer Abbildung dargestellten Strasse sind alle schön gebaut und meistens im Style moderner Architektur gehalten.

Friedhof in Constantinopel.

Muhammedaner verwenden keine besondere Sorgfalt auf ihre Begräbniss-Plätze, welche schrecklich vernachlässigt und nur durch die Unordnung, die dort herrscht, interessant sind. Es giebt zwar Fa-

milien-Begräbnissplätze, im Grossen und Ganzen aber sind die Gräber
ohne jede Ordnung über den Platz zerstreut. Die Grabsteine sind
ebenso unordentlich vertheilt und sehr barock in der Zeichnung und
Form.

Die Brücke von Galata.

Diese Brücke ist von Holz gebaut, geht über das goldene Horn
und verbindet Constantinopel mit Galata. Sie erhebt sich nur wenig
über dem Wasser und ist in der Mitte drehbar, um grossen Schiffen den
Durchgang zu gestatten. Der Verkehr auf dieser Brücke ist während
des Tages colossal. Auf unserer Abbildung ist die Brücke, vom Stam-
buler Ende aus gesehen, dargestellt, mit Galata und Pera in der Fern-
sicht. Der grosse Thurm zur Linken ist der Feuer-Thurm.

Türkischer Palastdiener.

Bei der Sultan-Parade in Constantinopel sahen wir eine grosse
Anzahl dieser Diener mit langen Prinz Albert-Röcken, schwarzen
Tuchbeinkleidern, blank gewichsten Schuhen und einem rothen Fez
bekleidet. Auf der Strasse sehen sie aus, als wollten sie Jedem, der
ihnen begegnet, ihre ungeheure Wichtigkeit begreiflich machen. Sie
sind alle Vollblut-Afrikaner mit dunkler Hautfarbe, gross und wohl
proportionirt gebaut.

Heulende Derwische.

Dieselben gehören zu einer fanatischen Secte von Muhammeda-
nern. Sie kleiden sich so wie man es auf dem Bilde sieht, und heulen,
springen und gestikuliren in der unangenehmsten Weise, wenn sie ihren
Religionsübungen obliegen.

Ein Bulgare.

Die Bulgaren entstammen der Rasse stämmiger Bergbewohner,
welche das prachtvolle Land im Norden von Rumelien, im Süden von
Rumänien und im Westen von Serbien bewohnen. Der auf unserem

Bilde dargestellte Bulgare bietet ein prächtiges Bild von Männlichkeit; er ist kühn und furchtlos und ein ausgezeichneter Soldat.

Syrischer Araber.

Der arabische Scheik, welcher uns nach dem todten Meere und dem Jordan begleitete, war so phantastisch und zugleich romantisch gekleidet, wie das Bild zeigt. Im Thale des Jordan, in unmittelbarer Nähe von Jericho, leben viele dieser Araber mit ihren Familien in Zelten, die mit einem gestreiften schwarzen und schmutzig weissen Stoffe bedeckt sind. Sie weiden dort ihre Heerden von Schaafen und Rindvieh. Ihre wirkliche Heimath ist in gewissen Theilen von Syrien.

Türkische Schönheit.

Türkische Dienerinnen.

Armenische Frauen.

Türkische Frauen im Hause.

Unsere türkische Schönheit zeigt trotz des Schleiers ein Paar wundervolle Augen und Gesichtszüge, aus denen lebhaft Herzensgüte spricht. Man kann sie gelegentlich in ihrem eleganten Coupé durch die Strassen von Constantinopel, oder die "Sweet Waters," fahren sehen. Sie zieht immer die Augen aller Beobachter auf sich.

Die türkischen Dienerinnen tragen keine Schleier und sind stets, wenn sie ihre Herinnen begleiten, so gekleidet wie die Illustration zeigt.

Die armenische Frau mit ihrem reichen und üppigen Haarwuchs, ihren blitzenden schwarzen Augen und ihrem weissen Teint ist eine äusserst anziehende Erscheinung; in ihrem Hause trägt sie gewöhnlich ein Gewand, das ihr ein plumpes Aussehen giebt.

Die Frauengemächer im Hause eines wohlhabenden Türken sind ausserordentlich comfortabel und im elegantesten Style eingerich-

tet. Die Damen sind stets prunkvoll angezogen und vertreiben sich
die Langeweile mit Kaffeetrinken, wobei sie Pfeifen oder Cigaretten
rauchen.

Türkischer Offizier.

Türkische Bettlerin.

Türkischer Scheerenschleifer.

Zigeunermädchen.

In den Strassen der Hauptstadt der Türkei trifft der Reisende
alle diese National-Typen häufig an. Die Officiere und Soldaten
gleichen in Bezug auf den Schnitt und die Verzierungen der Uniform
genau denen anderer europäischen Länder; nur der rothe Fez, den sie
fast stets als Kopfbedeckung tragen, unterscheidet sie von dem Militär
sonstiger Völker Europas.

Bettlerinnen, Scheerenschleifer und Zigeunermädchen sieht man
überall in Constantinopel.

Karte der "Reise um die Welt."

Die rothe Linie bezeichnet genau die Route, welche die Touristen einhielten.

Erratum.

Durch ein unliebsames Versehen ist das Bild, welches sich auf demselben Blatte wie der "Elephant des Rajah" befindet, mit "Die Taj zu Agra"
bezeichnet worden. Es muss heissen, "Die grosse Moschee in Delhi."

Hotel-Preise.

Die Preise der Hotels in den Ländern des Orients sind im Ganzen genommen billiger wie die amerikanischen. Die Bequemlichkeiten sind manchmal nicht ganz so gut wie in amerikanischen Hotels, aber immerhin können sie als Hotels erster Klasse gelten. Oft müssen die Gäste ihre eigene Bedienung miethen, doch kostet das Alles in Allem sehr wenig. Um den Lesern eine Idee von den Preisen der hervorragendsten Hotels in den verschiedenen Ländern zu geben, fügen wir folgende Aufstellung bei:

Grand Hotel, Yokohama, Japan,	$3 50 per Tag.	
Astor House, Shanghai, China, .	3 00	"
Victoria Hotel, Hong Kong, China,	3 00	"
Hotel de l' Europe, Singapore, .	3 00	"
Hotel der Nederlanden, Batavia, Java,	2 50	"
New Oriental Hotel, Colombo, Ceylon,	2 40	"
Great Eastern Hotel, Calcutta, Indien,	2 40	"
Woodland's Hotel, Darjeeling, Indien,	2 40	"
Clark's Hotel, Benares, Indien, .	2 00	"
Laurie's Hotel, Agra, Indien, , ,	2 00	"
Kellner's Hotel, Delhi, Indien, .	2 00	"
Esplanade Hotel, Bombay, Indien,	2 00	"
Suez Hotel, Suez, Egypten, . . .	3 00	"
Shepheard's Hotel, Cairo, (Frühstück extra),	2 00	"
Hotel Abbat, Alexandria, Egypten, .	3 00	"
Howard's Hotel, Jaffa, Palästina,	2 00	"
Hotel Feil, Jerusalem, Palästina, . .	2 00	"
Hotel D'Angleterre, Constantinopel, Türkei,	4 00	"

Zurueckgelegte Entfernungen.

		Englische Meilen.
Von Cincinnati nach St. Louis, mit der Eisenbahn,		341
" St. Louis nach Kansas City, "		297
" Kansas City nach Denver, "		639
" Denver nach Cheyenne, "		106
" Cheyenne nach Ogden, "		516
" Ogden nach Salt Lake City und zurück nach Ogden, mit der Eisenbahn,		74
" Ogden nach San Francisco, "		895
" San Francisco nach Los Angeles und zurück nach San Francisco,		964
" San Francisco nach Yokohama, Japan,	See-Meilen.	
mit dem Dampfer,	4955	- 5740
" Yokohama nach Tokio und zurück, mit der Eisenbahn,		36
" Yokohama nach Hiogo, Japan, mit dem Dampfer,	348	- 403
" Hiogo nach Nagasaki, Japan, "	390	- 451
" Nagasaki nach Shanghai, China, "	469	- 541

	See-Meilen.	Englische Meilen.
Von Shanghai nach Hong Kong, China, mit dem Dampfer,	860	- 995
„ Hong Kong nach Canton und zurück, „	160	- 185
„ Hong Kong nach Macao und zurück,	60	- 69
„ Hong Kong nach Singapore,	1450	- 1679
„ Singapore nach Batavia und zurück, „	1140	- 1320
„ Batavia nach Buitenzorg und zurück, mit der Eisenbahn,		80
„ Singapore nach Colombo, Ceylon, mit dem Dampfer,	1770	- 2050
„ Colombo nach Kandy und zurück, mit der Eisenbahn,		144
„ Colombo nach Pondicherry, Indien, mit dem Dampfer,	560	- 648
„ Pondicherry nach Madras, Indien, mit dem Dampfer,	90	- 104
„ Madras nach Calcutta, Indien, mit dem Dampfer,	770	- 892
„ Calcutta nach Darjeeling und zurück, mit der Eisenbahn,		722
„ Calcutta nach Benares, Indien, „		475
„ Benares nach Allahabad, Indien, „		101
„ Allahabad nach Agra, „ „		278
„ Agra nach Delhi, „ „		142
„ Delhi nach Ahmedabad, „ „		580
„ Ahmedabad nach Bombay, „ „		309
„ Bombay nach Aden, Arabien, mit dem Dampfer,	1690	- 1956
„ Aden nach Suez, Egypten, „	1350	- 1552
„ Suez nach Cairo, „ mit der Eisenbahn,		149
„ Cairo nach Alexandria, Egypten, „		129
„ Alexandria nach Constantinopel, über Jaffa, Beirut, Smyrna, mit dem Dampfer	1139	- 1308

			See- Meilen.	Englisch- Meilen.
Von Constantinopel nach Varna, Bulgarien, mit dem				
	Dampfer,		165 -	190
"	Varna nach Wien, mit der Eisenbahn,			1077
"	Wien nach München,	"		291
"	München nach Strassburg,	"		254
"	Strassburg nach Bischweiler,	"		17
"	Bischweiler nach Mainz,	"		114
"	Mainz nach Frankfurt,	"		23
"	Frankfurt nach Mainz,	"		23
"	Mainz nach Köln, auf dem Rheine,			116
"	Köln nach Berlin,	"		383
"	Berlin nach Dresden,	"		118
"	Dresden nach Nürnberg,	"		259
"	Nürnberg nach Strassburg, über Stuttgart und			
	Carlsruhe, mit der Eisenbahn,			247
"	Strassburg nach Bischweiler,	"		17
"	Bischweiler nach Strassburg,	"		17
"	Strassburg nach Paris,	"		308
"	Paris nach London,	" und dem Dampfer,		254
"	London nach Liverpool,	" See- Meilen.		201
"	Liverpool nach New York, mit dem Dampfer,		3180 -	3657
"	New York nach Cincinnati, mit der Eisenbahn,			757

Im Ganzen mit Dampfern . . . . 23,741 Meilen.

     "   " Eisenbahnen . . . . 11,453 "

Im Ganzen : 35,194 Meilen.